AF124783

CHRISTIANA SCHWEIZER

BEWUSSTES SEIN ERSCHAFFT REALITÄT

BIST DU BEREIT ZUM QUANTENSPRUNG?

novum pro

Dieses Buch ist auch als
e-book
erhältlich.

w w w . n o v u m v e r l a g . c o m

© 2023 novum Verlag

Bibliografische Information
der Deutschen Nationalbibliothek:

Die Deutsche Nationalbibliothek
verzeichnet diese Publikation in
der Deutschen Nationalbibliografie.
Detaillierte bibliografische Daten
sind im Internet über
http://www.d-nb.de abrufbar.

ISBN 978-3-99146-387-0
Lektorat: Dominique Schmidt
Umschlagabbildungen: Othernames,
Lavendertime I Dreamstime.com;
Foto Bambach
Umschlaggestaltung, Layout & Satz:
novum Verlag
Innenabbildungen:
siehe Bildquellennachweis S. 137
Autorenfoto: Foto Bambach

Die von der Autorin zur Verfügung
gestellten Abbildungen wurden in der
bestmöglichen Qualität gedruckt.

www.novumverlag.com

Gedruckt in der Europäischen Union
auf umweltfreundlichem, chlor- und
säurefrei gebleichtem Papier.

Christiana Schweizer

BEWUSSTES SEIN
ERSCHAFFT REALITÄT

*„Alles ist Schwingung,
ändere deine Schwingung
und es ändert sich dein Leben."*

Pythagoras

INHALTSVERZEICHNIS

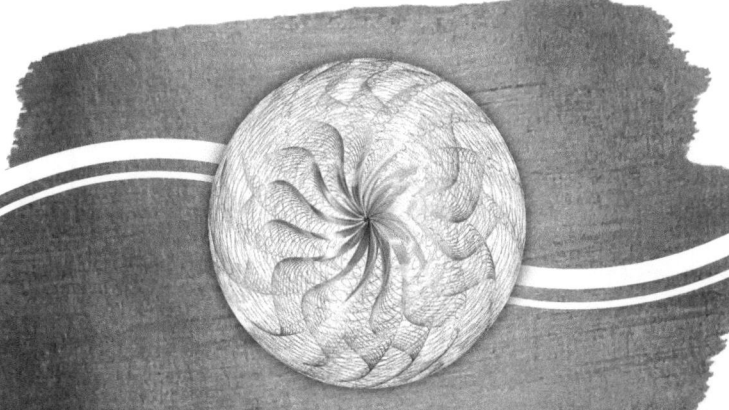

KAPITEL 1

REALITÄT ERSCHAFFEN

Bist du bereit
zum Quantensprung?

Dieses Buch erklärt in Kurzform das
Grundlegendste, dessen es bedarf, um die
eigene Schöpfermacht wieder zu übernehmen
und sich so selbstständig eine neue und
traumhafte Realität zu erschaffen.

DU WILLST VERÄNDERUNG?

Dann ändere deine Schwingung!

Bewusstes Sein ist Liebe. Und Liebe ist Annahme. Jede hohe Schwingung hat hier ihren Ursprung. Hier gibt es keine Ausnahme!

Der Gegenpol ist Unbewusstsein und ein Ruf nach Liebe, dem immer eine Form der Angst zugrunde liegt, was Enge, Begrenzung, Widerstand gegen das Ist, und ausnahmslos immer eine niedere Schwingung erzeugt. Willkommen in der Dualität. Dualität bedeutet zwei enthaltend. Pol und Gegenpol. Welchem Pol willst du dich zuwenden?

ES IST DEINE ENTSCHEIDUNG!

Dies ist die eine Entscheidung, die alles ändert.

Du bist nicht zufällig zu mir geführt worden. Du bist hier, weil du etwas suchst. Und wenn du etwas suchst, besagt dies, dass du etwas vermisst …

Sei herzlich willkommen. Ich freue mich und bin dankbar, dass du zu mir geführt wurdest, wo es doch so viele Angebote und Bücher zu den Themen Bewusstsein und Liebe gibt. Und so vielzählig die Angebote sind, so unterschiedlich ist auch das Verständnis darüber, was dies ist oder auch nicht ist, und darüber, wie man es erreichen kann.

Warum hat dich deine Suche zu mir geführt? Weil wir letztlich alle das Eine suchen. Die höchste Schwingung.

Von meiner Suche und wie ich fündig wurde, werde ich nachfolgend berichten.

Eines noch vorweg. Mir ist bewusst, dass vieles, von dem ich hier berichte, mit dem Verstand nicht zu verstehen ist. Folglich kann es auch nicht mein Ziel sein, deinen Verstand zu erreichen. So versuche bitte nicht, das Gesagte oder Geschriebene mit dem Verstand aufzunehmen, sondern lasse es einfach auf dich wirken. So als würdest du einen spannenden Roman lesen oder ein Theaterstück beobachten oder in einem Konzert sitzen und einfach der Musik lauschen. Lass es einfach auf dich wirken ...

Ich suchte einst so, wie du jetzt suchst. Meine Suche war eine beschwerliche und lange Suche, da ich anfänglich gar nicht wusste, was ich denn genau suchte. Und genau deshalb bist du hier. Wenn ich mein Ziel erkenne, hört die Suche auf. Das erspart viel Schwere, Leid und Zeit. Damit wir uns richtig verstehen, stelle ich gleich zu Beginn fest, dass es nicht mein Ziel ist, dir deinen Weg zu ersparen. Darum kann und soll es auch nicht gehen. Es ist vielmehr mein Ziel, dir zu zeigen, dass du deinen Weg mit Leichtigkeit und Freude gehen kannst. Es ist deine Entscheidung!

Obwohl ich anfänglich nicht wusste, was ich suchte, fühlte ich ganz genau, dass ich etwas vermisste, wusste jedoch nicht, was dies war.

Auf meiner Suche traf ich viele weitere Suchende, die genau wie ich suchten. Meist traf ich meine Weggefährten auf Seminaren, da wir alle glaubten, dass wir noch sehr viel zu lernen hätten und/oder noch nicht gut genug wären. Dies war der langsame und mühsame Weg des Lernens, den der Verstand wählte.

Das Erlernte war durchweg sehr hilfreich bis zu einem gewissen Punkt. Dann ging es nicht mehr weiter, denn hier wurde nahezu immer der Verstand angesprochen und/oder es fehlten das Herz, die Liebe und somit die Annahme.

Ich hatte zu Beginn nur Ziele im Außen und erreichte auch die meisten davon. Doch immer, wenn ich ein Ziel erreicht hatte, stellte ich fest, dass dieses Ziel nicht das war, wonach ich mich sehnte. Das Ziel war erreicht und ich war zufrieden, doch Glück und Erfüllung blieben aus. Die Freude über die Erreichung des Ziels hielt nur kurz an und ich setzte mir wieder ein neues Ziel … so ging das jahrzehntelang weiter. Irgendwann erkannte ich, dass ich das, was ich vermisste, nicht im Außen finden konnte. Alle meine Ziele im Außen entpuppten sich im Nachhinein als Scheinziele. Es waren alles Ziele, die mein Verstand gesetzt hatte, der die Führung meines Lebens hatte und glaubte zu wissen, was gut für mich sei.

Meine Suche ging weiter. **So kam ich dann mit der spirituellen Hypnose in Berührung und buchte eine Sitzung.** Dies ist eine Reise der Seele, genau genommen eine Zeitreise. Diese Reise führt zunächst in ein weiteres Leben und von dort aus in eine andere Dimension, in das Zuhause der Seele. Von dort aus können wir direkt in den Ursprung der Seele gelangen. Wir nennen dies auch Nullpunkt, Schöpfung, Quelle … es hat viele Namen. Dort angekommen, BIN ICH. Geliebt. Angenommen. Frei. Leicht. Geborgen. Zuhause. Grenzenlos. Im Frieden … hier darf ich einfach sein. All-Eins-Sein.

Diese Einheit ist das, was viele von uns im Außen suchen und hoffen, es durch einen Partner zu finden. Dies kann natürlich nicht funktionieren, wenn sich zwei Ego-Ichs verbinden, die jeweils etwas vom anderen haben wollen.

Solange ich noch von meinem Partner etwas haben will, egal was es ist, hierzu gehört auch das Geliebt-sein-Wollen, bin ich noch bedürftig und betreibe nur einen Tauschhandel. Ich gebe dir dieses, dafür bekomme ich jenes …

Dies hat mit einer bedingungslosen Liebe, so wie wir sie auf Seelenebene und in der Quelle erfahren, nichts zu tun. Dies ist genau genommen sogar das Gegenteil.

Die Liebe auf Seelenebene IST einfach! Sie war immer. Sie wird immer sein. Sie ist absolut bedingungslos und daher ganz rein, unverfälscht und unschuldig. Sie kennt nichts anderes und sie nimmt nichts anderes wahr. Daher sieht sie in jedem von uns nur die Liebe.

Diese Liebe gibt. Immer. Ausnahmslos. Jedem. Diese Liebe fordert nichts. Immer. Ausnahmslos. Von niemandem. Sie vergisst niemanden. Hier gibt es keine Regel, die eine Ausnahme bestätigt! Dies ist Annahme.

Wenn zwei Ego-Ichs zusammenkommen, sind sie selten in der Annahme. Sie fordern, bewusst oder unbewusst, immer etwas voneinander.

Das Außen ist immer nur mein Spiegel, folglich kann mir ein Partner auch nur das spiegeln, was in meinem Innern ist. Wenn ich mich nicht geliebt oder nicht HEIL fühle, so kann es mir im Außen auch nicht gespiegelt werden.

Ich fand über die Reise der Seele also das, was ich so sehr vermisste. Die allerhöchste Schwingung! Ich entschloss mich daher, die Reisen der Seele tiefer zu ergründen. Somit erhielt ich viele Antworten direkt vom bzw. im Ursprung und wurde liebevoll geführt. Genau genommen führte mich mein Selbst. Dies half mir, mein Ziel zu erkennen und da es für mich nichts Wichtigeres als dieses eine Ziel gab, entschloss ich mich dies mit meinem Institut noch tiefer zu erforschen. Dies führte dann zu der Erkenntnis, dass wir uns jederzeit selbstständig mit unserem Ursprung verbinden können und dass dies innerhalb einer Gruppe noch viel intensiver erlebt werden kann. Hieraus entstand das *Selbst = Bewusstes-Sein-Training*.

So erkannte ich, dass wir letztlich alle einen Weg gehen und ein Ziel haben. Das Ziel hinter dem Ziel, welches wir alle suchen. Wenn ich dieses Ziel erkenne, hat die Suche ein Ende. Dieses Tor, zum Ziel hinter dem Ziel, kann ich für dich öffnen. Deshalb wurdest du zu mir geführt.

Eine wichtige Erkenntnis ist, dass ich nur etwas vermissen kann, was ich schon kenne, sonst könnte ich es nicht vermissen. Wenn ich es schon kenne, ist es bereits da. Da es nicht im Außen zu finden ist und es schon da ist, kann es folglich nur noch in mir selbst sein. Und genau dorthin wurde ich geführt. Vom Außen ins Innere. Vom Haben zum Sein. Vom Schein zur Wirklichkeit.

So erkannte ich, dass ich selbst das Ziel hinter dem Ziel bin. „Erkenne dich selbst!" Dies war das 1. Rätsel des Orakels von Delphi, welches gelöst werden musste, bevor man vom Orakel überhaupt empfangen wurde. Die Kultstätte von Delphi mit dem Orakel war die wichtigste Weissagungsstätte des antiken Griechenlands und galt lange Zeit sogar als Mittelpunkt der Welt.

Wie konnte ich mich nun selbst erkennen? Indem ich mich, durch eine Reise der Seele, an mein Selbst erinnerte und mich als mein Selbst erlebte, erkannte ich mein Selbst. Ich musste mich also als mein Selbst erleben, um mein Selbst zu erkennen, denn im Erleben findet das Leben statt. Dies kann ich nicht durch Erzählungen erfahren, jedoch mich wieder daran erinnern.

erinnern ▶ *erleben* ▶ *erkennen*

Ich wurde direkt bis zum Kern – jenem Licht in uns, welches jeder von uns in seinem Herzen trägt – geführt. Dieses Licht in uns ist das Selbst. Es ist der, der ich bin, und **ICH-BIN** hat den Ursprung nie verlassen. Somit bin ich immer verbunden und auch immer am Ziel. Mein Selbst ist das Ziel. Ich wurde mir meines Selbst wieder bewusst. Dies ist Bewusstes Sein. Und Bewusstes Sein ist Liebe, dies ist die allerhöchste Schwingung.

Jeder von uns – ganz egal wie wir uns im Außen zeigen – ist ein Teil der Schöpfung, da wir alle das Licht der Quelle in unseren Herzen tragen, was dann über unsere Augen sichtbar wird. Im Ursprung, in unseren Herzen, sind wir All-Eins. Im ewigen Jetzt immer verbunden. Trennen tut nur der Verstand, da er urteilt und wertet. Er kann nur auf die begrenzten Erfahrungen dieses Lebens zurückgreifen und kennt weder das Drehbuch dieses Lebens noch den Gesamtplan … ihm hatte ich die Führung meines Lebens überlassen!?

Diese Selbst-Erkenntnis, „erkenne dich selbst", führte dann zu dem nächsten wichtigen Schritt. Nachdem ich mein Selbst erkannt hatte und nun mit ihm selbstverständlich kommunizieren konnte, empfing ich Botschaften. Ich erhielt symbolisch einen Schlüssel gereicht, mit dem ich mein Herz wieder öffnen sollte. Denn hier hatte ich mein Selbst – das Licht in mir – verschlossen, sodass es nicht mehr nach außen erstrahlen konnte. Das, wonach ich mich so sehr sehnte und vermisste, das Licht in mir, an das ich mich wieder erinnerte, hatte ich dort eingesperrt. Um wieder ich selbst sein zu können, musste ich die Mauern, die ich einst um mein Herz errichtet hatte, jetzt wieder einreißen und mein Selbst befreien. Denn Mauern und Grenzen schützen nicht nur, sie engen und schließen auch ein. Hierzu hatte ich viel Hilfe von meinem Selbst erhalten und einfache und sehr effiziente Wege aufgezeigt bekommen. Es genügte also nicht, mein Selbst zu erkennen, ich musste auch noch etwas tun! Dies brachte mich vom Wissen zum Tun.

Dann kam die wohl wichtigste Entscheidung meines Lebens, die ich in jedem Augenblick immer wieder neu treffen würde.

Die Entscheidung, dass ich meinem Selbst wieder bewusst die Führung für mein Leben übergebe, damit mein Selbst wieder wirken kann.

Raus aus dem Verstand, rein ins Herz.
Rein ins Sein!

Und so fortan aus der Leichtigkeit des Seins zu leben, denn dies ist ein Weg der Freude, wo ich ganz selbstverständlich stimmig im Augenblick lebe. Indem ich das tue, was jetzt stimmt, stimmt mein ganzes Leben und es stimmt dann immer für alle. So lebe ich fortan aus der Vorsehung. Das ist das, was mein Selbst für dieses Leben für mich vorgesehen hat. Ich lebe nicht weiter aus der Vorstellung. Das ist das, was mein Verstand sich vorstellt, wie es auszusehen hat.

Dies führt zur Selbstverwirklichung

LASS DEIN SELBST WIRKEN!

Mein Selbst wirkt so durch mich. Dies ist Bewusstes Sein.

Ich bin mir meines Selbst bewusst. Das Drehbuch dieses Lebens wurde von meinem Selbst aus einer höheren Dimension geschrieben und nur mein Selbst kann es auch ändern. Dies braucht keine Zeit und geschieht immer im Jetzt. Denn Sein kann ich nur im Jetzt, niemals gestern oder morgen.

Bewusstes Sein bedeutet, mir ständig meines Selbst bewusst zu sein und ihm die Führung zu übergeben. Immer präsent im gegenwärtigen Moment. Indem ich mich nicht mehr mit meinem Verstand, sondern mit meinem Selbst identifiziere, lasse ich mein Selbst wirken und trete so wieder ein in die Wirklichkeit, in meine Schöpfermacht. So lebe ich fort an als Beobachter aus der Leichtigkeit des Seins immer stimmig in diesem Moment.

ERKENNE DEIN SELBST

- Dein Selbst ist Bewusstes Sein
- Dein Selbst ist Liebe
- Dein Selbst ist die allerhöchste Schwingung

L(I)EBE IST DEINE ENTSCHEIDUNG!

Wenn du erkannt hast, dass du die Liebe selbst bist und die Liebe selbst in deinem Herzen wohnt, dann triff deine Entscheidung!

Öffne dein Herz und befreie dein Selbst.

LASS DEIN SELBST WIRKEN!

Übergib nun die Führung deinem Selbst, denn dein Selbst schreibt das Drehbuch deines Lebens und kennt den Gesamtseelenplan.

Wenn du das Geschriebene einfach hast auf dich wirken lassen, so hast du es mit deinem Herzen aufgenommen und dich so wiedererinnert an den,

der du wirklich bist!

Nachdem ich mich wiedererinnert hatte und wieder ich selbst sein wollte, galt es anzuerkennen, dass viele unserer alten Glaubensvorstellungen über die Schöpfung und das Leben nicht stimmen und auch nicht funktionieren.

Es galt anzuerkennen, dass es etwas gibt, das mein Verstand über die Schöpfung und das Leben nicht verstehen kann. Daraus resultierte die Erkenntnis, dass ich aus meinem Verstand „austreten" muss, wenn ich etwas ändern will.

Daraus resultierte wiederum die Erkenntnis, dass alle Methoden, die den Verstand ansprechen – also irgendetwas verstehen wollen –, mich durchaus ein Stück voranbringen können, jedoch niemals bis zu meinem Selbst.

Hier komme ich nur über das Erleben hin. Ich brauchte Bereitschaft und Offenheit für das Neue. Ich brauchte Mut und Tapferkeit und die Entscheidung als Ich-Selbst, als Demonstration meiner allerhöchsten Überzeugung, authentisch und wahrhaftig zu leben.

Bist du bereit zum Quantensprung?

L(I)EBE IST DEINE ENTSCHEIDUNG!

Und der beste Moment ist immer jetzt!

Meine Suche führte mich zum einfachsten, schnellsten und effektivsten Weg, um mehr über mich selbst und über meine Lebensaufgabe zu erfahren. Dies war eine Face-Reading-Beratung. Face Reading ist ein Überbegriff für alle Arten von Gesichtslesetechniken, die aus den unterschiedlichsten Epochen und Kulturen stammen. Eine Sonderform ist das Siang Mien, dies ist die chinesische Art des Gesichtslesens. Unser Gesicht enthält alle Informationen über uns, auch über unsere verborgenen Talente und über unsere Lebensaufgabe.

Um in jene höchste Schwingung, in Balance, zu kommen,

- ist der schnellste, einfachste und effektivste Weg, mich wieder an den zu erinnern, der ich wirklich bin;
- ist es, mich als mein Selbst zu erleben und dadurch mein Selbst zu erkennen;
- ist es, mir wieder meines Selbst bewusst zu sein.

Dies kann durch eine **Reise der Seele** oder durch das *Selbst = Bewusstes-Sein-Training* erlebt werden. Beide Wege führen direkt zum Selbst, direkt in den Ursprung. Dieses Tor zu deinem Selbst zu öffnen – damit es wieder wirken kann – ist mein Ziel. So trittst du wieder in deine Schöpfermacht ein. Dies ist dein Quantensprung!

SELBST = LIEBE = BEWUSSTES SEIN

BEWUSSTES SEIN ERSCHAFFT REALITÄT

KAPITEL 2

DIE ESSENZ DES SEINS

„Eine bewusste Veränderung
ist eine Wahl und
fängt mit einer
bewussten Entscheidung an."
Christiana Schweizer

L(I)EBE IST DEINE ENTSCHEIDUNG!

Als WER willst Du leben?

Raupe oder Schmetterling?

Ego-Ich oder Ich-Selbst? In der Raupe ist bereits alles angelegt. Um jedoch ein Schmetterling zu werden, muss sie sich verpuppen und sich somit auflösen. Die Raupe kennt nur die begrenzte Sicht von unten. Erst der Schmetterling hat die weite Sicht von oben. Dies wäre für die Raupe unvorstellbar, da sie es ja nicht kennt. So wählt jede Seele ihren ganz persönlichen und einzigartigen Einweihungsweg, der sie über die Erfahrungen zu Erkenntnissen und von der Raupe zum Schmetterling führt.

Der Weg von der Raupe zum Schmetterling ist der Weg vom Ego-Ich zum Ich-Selbst und ist Liebe.

Liebe ist Annahme von allem, was ist, und jedem, der ist. Annahme des Spiels. Das Spiel ist der Seelenplan, dies ist der Plan der Seele für diese Inkarnation, um bestimmte Erfahrungen zu machen. Annahme der Spieler und meines gewählten Umfelds. Die Seele überlässt nichts dem Zufall und wählt Zeit und Ort der Geburt sowie alle Mitspieler, insbesondere die Eltern, sorgfältig aus. Annahme meiner „Schatten". Einfach alles und jeden sein lassen. Freilassen. Frei sein lassen. Alles ist gut, wie es ist, sonst wäre es nicht, wie es ist. Das Leben macht keine Fehler.

Um das vom Selbst gewählte Spiel mit dem dazugehörigen Umfeld und allen Spielzeugen und Schauspielern annehmen zu können, muss ich aus dem Ego-Ich „austreten" und in das Ich-Selbst „eintreten". Hierzu muss das Ego-Ich dem Ich-Selbst die Führung übergeben. Das Ego kann und soll die Führung übergeben, jedoch nicht die Verantwortung des Selbst übernehmen, da es ja den Plan der Seele nicht kennt.

Die Klarheit der Sprache erklärt es bereits. Es heißt Selbstverantwortung, nicht Ich-Verantwortung und auch nicht Ego-Verantwortung.

Daher können sämtliche Mentaltrainings, die mit dem Ego-Ich arbeiten, auch nicht alleinig zum Selbst führen. Sie können uns jedoch zu Beginn sehr hilfreich sein und uns durchaus dazu dienen, uns Grenzen überschreiten zu lassen. So können sie uns bis zu einem bestimmten Punkt im Leben bringen, von wo aus dann der weitere Weg zum Selbst angetreten werden kann. Dies geschieht, indem wir ein Tor öffnen.

Mentaltrainings mit dem Ich-Selbst sind nicht möglich. In der Dimension des Seins wird nicht mehr mit oder aus dem Verstand heraus gelebt und es werden keine Entscheidungen gefällt. In der Dimension des Seins wird aus dem Herzen heraus stimmig gelebt und es werden aus der Weisheit des Augenblicks Entscheidungen getroffen. Richter urteilen und fällen Entscheidungen, eine Wahl wird hingegen getroffen. **Das Ich-Selbst urteilt nicht, es trifft eine Wahl.**

Dies ist immer nur präsent im gegenwärtigen Augenblick, im Hier und Jetzt möglich. Wenn ich mit meinen Gedanken in der Vergangenheit oder in der Zukunft verweile, so verpasse ich den gegenwärtigen Moment, das unendliche Jetzt!

Unsere Zukunft gestalten wir im Jetzt. Durch mein Sein im Jetzt gestalte ich mir meine Zukunft. Wenn ich also jetzt auf mein Sein achte, was nehme ich wahr?

Habe ich leichte und liebevolle Gedanken? Habe ich Emotionen der Freude und Glückseligkeit? Dieses Sein erzeugt eine sehr hohe Schwingung. Nach den geistigen Gesetzen kann mich dann eine niedere Schwingung gar nicht mehr erreichen. Dies ist so ähnlich wie bei den Radiowellen. Ich habe dann eine andere Frequenz.

Habe ich hingegen schwere oder gar niederträchtige Gedanken und Emotionen von Ärger und Wut, so erzeugt dies eine niedere Schwingung.

Ärger macht alles immer ärger. Nach den geistigen Gesetzen erreicht mich so natürlich auch wieder die niedere Schwingung von außen. Das Außen ist immer nur mein Spiegel. Egal, in welcher Verkleidung, Form oder Gestalt es sichtbar wird.

Erkenne ich dies, so kann ich auch hier „austreten" und meinem Selbst als Beobachter die Führung überlassen. So kann das Ich-Selbst das Ego-Ich beobachten, wie es nun beispielsweise die Erfahrung von Wut machen möchte. Solche Erfahrungen können uns sehr gut dienen, um zu erkennen, wie wir urteilen und werten. Wenn ich beispielsweise dann denke „das ist nicht gut, ich hätte dies anders lösen sollen oder müssen ...", so denkt dies wieder das Ego-Ich. Diese Vorwürfe kommen immer aus dem Verstand, vom Ego-Ich, das glaubt zu wissen, wie es hätte „besser" laufen sollen. ES IST. Und ES IST, ist nicht mehr änderbar. Und es ist, wie es ist, da es so sein soll, sonst wäre es ja nicht, wie es ist! Das Leben macht keine Fehler. Und das Selbst urteilt nicht. Es beobachtet.

Wenn wir dem Ego-Ich die Führung überlassen, sind wir immer im Werten und Urteilen. Das Ego-Ich wertet und urteilt somit über sein Selbst! Dies ist etwa so, als wenn ein Erstklässler dem Mathematikprofessor höhere Mathematik erklären will. Der Verstand ist begrenzt und kann nur auf die Erfahrungen dieses Lebens zurückgreifen. Der Verstand kann somit – durch die Begrenztheit dieses Lebens – die Hintergründe niemals begreifen. Daher ist es sinnlos, sich darüber den Kopf zu zerbrechen.

Auf unserem individuellen Weg geht es genau um diese Begrenztheit. Wir werden durch die Umstände und durch die Schauspieler im Außen, unsere Mitspieler, an unsere Grenzen gebracht, damit wir diese in einem ersten Schritt wahrnehmen, um sie dann zu überschreiten und damit sie sich schlussendlich ganz auflösen. Dies ist unser Eintritt in die Grenzenlosigkeit. Unsere größten Engel sind jene Mitspieler, die uns das Meiste „antun" und uns so an diese Grenzen führen. Diese Rollen sind im Seelenleben nicht besonders beliebt, da es in doppeltem Sinn sehr schwere Rollen sind und dementsprechendes Karma mitliefern, solange man noch in der Dualität verweilt. Im Seelenleben sind diese Seelen äußerst geachtet und werden von den anderen Seelen, die diese schweren Rollen nicht übernehmen wollen, insbesondere von Engeln, die nicht inkarnieren, verehrt und bewundert.

Das Selbst hat einen Zugang zur Quelle, zu allem Wissen und zu allen Weisheiten. Es führt uns so in unbequeme Situationen, mit niedrig schwingenden Gedanken und Emotionen, die sich auf Körperebene als negative Gefühle äußern und uns dazu dienen, Grenzen zu erkennen, um diese überschreiten zu können. Vielleicht im ersten Schritt noch etwas holprig. Wichtig ist jedoch die Erkenntnis, die wir daraus ziehen. Ist es erst erkannt, also vom Unbewussten ins Bewusste Sein gehoben, so können wir dies als Bewusstes Sein beobachten, somit zum Beobachter werden. Irgendwann stellen wir als der Beobachter fest, ES IST. Und die Grenze hat sich somit aufgelöst.

Ich hatte mich an mein Selbst erinnert, mich als mein Selbst erlebt, mich als mein Selbst erkannt ...

Ich fühlte mich zu etwas berufen, hatte an etwas Freude, wollte es umsetzen, aber es klappte (noch) nicht so richtig. Die Folge war, dass ich in einer Situation verharrte, in einer Beziehung verweilte, weiter einer Arbeit nachging, an einem Ort verweilte ... und dies alles nicht mehr stimmig und passend war. Dies führte dazu, dass ich beinahe resignierte. Nur für kurze Zeit ...

Wieso klappte die Umsetzung nicht?

Wenn ich als Raupe versuche zu fliegen, werde ich scheitern. Wenn ich nicht mehr die Raupe bin und mich zum Schmetterling entpuppt habe, jedoch weiterhin krieche, werde ich auch scheitern.

Es gibt für alles die richtige Zeit, den richtigen Ort und es müssen bestimmte Kreise – die Herausforderungen unseres Lebens – geschlossen sein und auch die Talente gelebt werden. Wenn ich beispielsweise anderen in einem Thema Rat und Unterstützung geben möchte, dann muss ich diesen Kreis für mich bereits geschlossen haben und dies selbst leben. Nur wenn ich diesen Kreis für mich geschlossen habe, indem ich mich befreit habe, bin ich authentisch und kann so für andere ein Tor öffnen.

Ganz egal, welche Frage sich nun stellt. Wenn im Außen nichts mehr geht, so wie uns dies momentan auch überall im Außen gespiegelt wird, dann ist es immer an der Zeit, den Weg nach innen anzutreten. Ich darf mich dann immer selbst fragen, wofür ich diese Zeit und/ oder Chance nun geschenkt bekomme …

Vom Außen ins Innere. Vom Haben zum Sein. Vom Schein zur Wirklichkeit.

L(I)EBE IST DEINE ENTSCHEIDUNG!

L(I)EBE IST Grenzenlosigkeit.

L(I)EBE IST, im ewigen Hier und Jetzt der Beobachter zu sein und somit in die Zeitlosigkeit einzutreten.

L(I)EBE IST, mir täglich bewusst zu machen, als WER ich durch diesen Tag gehen will. Als Ego-Ich oder als Ich-Selbst?

L(I)EBE IST, mir täglich bewusst zu machen, als WER ich einschlafen will. Als Ego-Ich oder als Ich-Selbst?

L(I)EBE IST, jedem, der mir begegnet, zum Segen zu werden, indem ich ihn an sein Selbst erinnere.

L(I)EBE IST, alles und jeden anzunehmen.

L(I)EBE IST, alles und jeden SEIN zu lassen.

L(I)EBE IST, alles loszulassen und jeden freizulassen.

L(I)EBE IST, das Werten, nicht zu bewerten, das Urteilen, nicht zu verurteilen.

L(I)EBE IST, anzunehmen, dass zur Vollkommenheit alles dazugehört, auch das scheinbar „Negative".

L(I)EBE IST, mich an den zu erinnern, der ICH wirklich BIN.
L(I)EBE IST, die Wahl zu treffen, meinem Selbst wieder die Führung zu übergeben.
L(I)EBE IST, ICH BIN.
L(I)EBE IST, DU BIST.
L(I)EBE IST, WIR SIND.
L(I)EBE IST ALL-EINS-SEIN.

L(I)EBE IST DEINE ENTSCHEIDUNG!

2 DINGE

„Denn Sein und Nichtsein erzeugen einander.
Schwer und leicht vollenden einander.
Lang und kurz gestalten einander.
Stimme und Ton vermählen einander."

Laotse

ES GIBT NUR 2 DINGE

Dualität bedeutet „zwei enthaltend", Pol und Gegenpol. Willkommen in der Welt der Dualität, in der letztlich, wenn man allem auf den Grund geht und alles auf das Wesentliche „herunterbricht", nur 2 Dinge übrig bleiben. Pol und Gegenpol.

2 Dinge
Es gibt nur 2 Dinge,
die alles andere
und sich gegenseitig bedingen.

Pol und Gegenpol
Kein Pol ohne Gegenpol

Die Liebe
Der Ruf nach Liebe
Hierin ist alles enthalten.
Liebe ist immer Selbstliebe.
Ich kann nur geben, was in mir ist.
Ein Ruf nach Liebe ist immer
der Ruf nach Selbstliebe.

Liebe ist die allerhöchste Schwingung.

Liebe ist:
Selbstliebe
Annahme
Wahrhaftigkeit
Freude
Grenzenlosigkeit
Freiheit
Dankbarkeit
Vertrauen
Güte

Fülle
Leichtigkeit
Frieden
Stille
Demut
Vollkommenheit
Ewigkeit
Glückseligkeit
Göttlichkeit
ALL-EINS-SEIN

Der Ruf nach Liebe
erkennt meist nicht,
dass sein Ruf nach Liebe
bei ihm selbst beginnen muss.

Der Ruf nach Liebe
vereint alle Gegensätze
der Liebe in sich.
Er ist der Gegenpol der Liebe.
Dem Ruf nach Liebe liegt immer
irgendeine Form der Angst zugrunde.

Angst ist die niedrigste Schwingung.

Der Ruf nach Liebe ist:
Enge
Angst
Begrenztheit
Hass
Eifersucht
Verachtung
Unterdrückung
Respektlosigkeit
Selbstaufopferung

Übermaß an Hilfe/n geben/nehmen
Übervorteilung anderer
Ohnmacht
(Mit-)Leid
Verurteilung
Entwürdigung
Geringschätzung
Selbsterhöhung

Wenn dir das begegnet,
werde dir bewusst,
dass es nur ein Ruf nach Liebe ist,
ein Aufschrei der Seele.

Wenn du damit in Resonanz gehst,
ist es ein Weckruf deiner Seele.

Dies ist dann dein Ruf
nach Liebe und Annahme.
Die Welt ist dein Spiegel.

Bevor du reagierst,
bevor du bewertest,
frage dich immer:

„Was würde die Liebe jetzt tun?"

Stelle dir diese Frage dann immer dreimal:

**1. Wenn mein Gegenüber in der Liebe wäre,
könnte es dann so reagieren?**

Wenn sich jemand dir gegenüber z. B. gemein,
böse oder herablassend benimmt,
könnte er sich so verhalten, wenn er ganz in seiner Mitte,
in der Liebe, wäre?

Sehr wahrscheinlich nicht.

In der Liebe zu SEIN bedeutet, achtsam mit sich und seinem Umfeld umzugehen und den anderen so zu behandeln, wie man selbst gerne behandelt werden möchte.

Was würde die Liebe jetzt tun?

2. Wenn ich in der Liebe bin,

lasse ich dann so mit mir umgehen?
Wenn du ganz in deiner Mitte, in der Liebe bist, lässt du dann so mit dir umgehen?
Sehr wahrscheinlich nicht.

In der Liebe zu SEIN bedeutet, auch für sein Selbst einzustehen und auch einmal ganz klar ein Stopp einzulegen.
Das bedeutet, auch einmal „NEIN" zu sagen.

Was würde die Liebe jetzt tun?

3. Wenn ich in der Liebe bleibe,

wie antworte ich in Liebe?
Wenn du ganz in deiner Mitte, in der Liebe,
bist, wie antwortest du in Liebe?
Wie antwortest du jetzt deinem Gegenüber so, dass du dir und ihm gegenüber in der Liebe bist und bleibst?

Was würde die Liebe jetzt tun?

Wenn du die Antwort nicht
intuitiv erkennst (erstes Bauchgefühl),
dann übergib deinem Selbst
die Führung
und vertraue deiner Führung.

2 Dinge
Pol und Gegenpol

Die Liebe
Der Ruf nach Liebe

Frage dich immer:

Was würde die Liebe jetzt tun?

Und handle danach!

Wenn man jedes Gefühl, jeden Gedanken, herunterbricht, bleiben also in der Dualität nur 2 Dinge übrig.

Die Liebe (das Licht) und der Ruf nach Liebe (der Schatten/das Unlicht).

Da wir alle ausnahmslos der Quelle entspringen und jeder den göttlichen Kern (das Licht) in sich trägt, egal wie tief es verschlossen wurde, stecken hierin doch auch jede Chance und Hoffnung.

Jeder – wirklich ausnahmslos JEDER – kann es schaffen, die Mauern und Begrenzungen, die er um sein Herz errichtet hat, wieder abzubauen, sodass sein Licht wieder hell erstrahlt.

Wie?

Der effektivste, einfachste und schnellste Weg ist eine Reise der Seele und auch das *Selbst = Bewusstes-Sein-Training*. Dies ist ein kausales Training und kann direkt ohne Vorkenntnisse und ohne Ausschlusskriterien einer Hypnose „erlernt" werden.

Bereits im *Selbst = Bewusstes-Sein-Trainer* lehren wir die Erkenntnisse selbst im Anschluss weiterzureichen und selbst Seminare und Sitzungen zu geben. Du lernst, indem du lehrst. Dies ist ein wunderbarer Weg, jeden, der dir begegnet, zu seinem Selbst zu erheben und gleichsam dich selbst stetig an den zu erinnern,

Der Du wirklich bist!

DIE LIEBE

„Das einzig Wichtige im Leben sind
die Spuren von Liebe, die wir
hinterlassen, wenn wir gehen.“

Albert Schweitzer

Liebe ist

immer Selbstliebe und bedeutet, sich für sich selbst zu entscheiden.

Liebe ist die allerhöchste Schwingung. Der Ruf nach Liebe, dem immer eine Form der Angst zugrunde liegt, ist Enge und ist die niedrigste Schwingung. Er ist der direkte Gegenpol der Liebe. Du kannst immer nur ein Gefühl im gegenwärtigen Moment fühlen. Es ist deine Entscheidung! Jedoch kein Pol ohne Gegenpol. Die Dosis macht das Gift.

Mein gesamtes Angebot lässt sich im Grunde unter dem Begriff L(I)EBE zusammenfassen. Lebe und Liebe. Jetzt. Liebe das Leben. Lebe die Liebe. Was letztlich ein *Selbst = Bewusstes-Sein-Training* ausmacht.

Alle meine Erkenntnisse, Techniken und Methoden führen zu mehr Selbstverantwortung, Selbstwertschätzung, Selbstvertrauen, Selbstsicherheit und letztlich zu mehr Selbstliebe.

Dies ist der direkte Weg in die Liebe! Das Ergebnis ist, dass das Außen uns das spiegelt.

Es liegt in der Natur des Menschen, sich nach der Liebe zu sehnen. Wir wünschen uns einen liebevollen Partner, eine liebevolle Familie, einen liebevollen Umgang, wollen lieben und geliebt werden. Ein Leben in Liebe, Glück und Erfüllung führen.

Wir suchen und sehnen uns somit nach der Liebe im Außen. Manchmal ist der Wunsch danach so groß, dass wir danach rufen oder sogar danach schreien. Meist ist uns dabei nicht bewusst, dass das Außen nur unser Spiegel ist. Somit können wir im Außen immer nur so viel Liebe erhalten (gespiegelt bekommen), wie wir selbst in uns haben, wie wir unser Selbst lieben. Dies ist die Selbstliebe.

Wenn wir uns nach Liebe sehnen, sollten wir uns zunächst immer folgende Fragen stellen: „Wie steht es um meine Selbstliebe? Wie sehr liebe ich mein Selbst? Wie sehr habe ich mein Herz verschlossen? Wie soll mich ein anderer Mensch denn lieben können, wenn ich mich selbst nicht lieben kann?"

Liebe, die mir im Außen entgegengebracht wird, entsteht immer aus meiner Selbstliebe heraus.

Steht es um die eigene Selbstliebe schlecht, so entstehen meist Rufe nach Liebe im Außen daraus, was unweigerlich zu Beziehungsproblemen auf den unterschiedlichsten Ebenen führt.

Wie komme ich nun in die Selbstliebe?

Indem ich mich in einem ersten Schritt an mein Selbst erinnere, mich als mein Selbst erlebe und dadurch erkenne, wer ICH wirklich BIN. Im nächsten Schritt muss ich dann die Mauern, die ich zum Schutze meines Herzens errichtet habe, wieder abbauen, denn mein Selbst wohnt in meinem Herzen.

Mein Licht kann nur erstrahlen, wenn ich mein Selbst wieder befreie. Ist dies getan, steht die wichtigste Entscheidung meines Lebens an.

Wem vertraue ich die Führung meines Lebens an?

Weiterhin dem Verstand, der nur auf die begrenzten Erfahrungen dieses Lebens zurückgreifen kann, oder meinem Selbst, welches das Drehbuch dieses Lebens geschrieben hat und auch den Gesamtplan kennt? Dies ist keine Frage, sondern eine Wahl!

Rede von Charlie Chaplin

„Als ich begann, mich selbst zu lieben, erkannte ich, dass Schmerz und emotionales Leid nur Warnzeichen dafür sind, dass ich dabei war, gegen meine eigene Wahrheit zu leben.

Heute weiß ich, das ist **Authentizität.**

Als ich begann, mich selbst zu lieben, verstand ich, wie sehr es jemanden verletzen kann, wenn ich versuche, ihm meine Wünsche aufzuzwingen, obwohl ich wusste, dass es nicht der richtige Zeitpunkt war und die Person nicht bereit dafür war, obgleich ich selbst diese Person war.

Heute nenne ich es **Selbstachtung.**

Als ich begann, mich selbst zu lieben, hörte ich auf, nach einem anderen Leben zu verlangen, und konnte sehen, dass alles, was mich umgab, mich einlud, zu wachsen.

Heute nenne ich es **Reife.**

Als ich begann, mich selbst zu lieben, verstand ich, dass ich in jeder Lebenslage zur richtigen Zeit am richtigen Ort bin und alles geschieht im absolut richtigen Moment. Also konnte ich ruhig sein.

Heute nenne ich es **Selbstvertrauen.**

Als ich begann, mich selbst zu lieben, hörte ich auf, mir meine eigene Zeit zu stehlen, und ich hörte auf, riesige Projekte für die Zukunft zu entwerfen. Heute mache ich nur das, was mir Wonne und Freude bereitet; Dinge, die ich liebe und die mein Herz zum Lachen bringen. Und ich tue sie auf meine eigene Art und Weise und in meinem eigenen Rhythmus.

Heute nenne ich es **Einfachheit.**

Als ich begann, mich selbst zu lieben, befreite ich mich von allem, was nicht gut für meine Gesundheit ist, von Speisen, Menschen, Dingen, Situationen und von allem, das mich hinunterzog und weg von mir selbst. Anfangs nannte ich diese Haltung gesunden Egoismus.

Heute weiß ich, es ist **Selbstliebe.**

Als ich begann, mich selbst zu lieben, hörte ich auf, zu versuchen, immer recht zu haben, und seitdem irre ich mich weniger.

Heute habe ich entdeckt, das ist **Bescheidenheit.**

Als ich begann, mich selbst zu lieben, weigerte ich mich, weiter in der Vergangenheit zu leben und mich um die Zukunft zu sorgen. Jetzt lebe ich nur für den gegenwärtigen Moment, in dem *alles* geschieht.

Heute lebe ich jeden einzelnen Tag, Tag um Tag, und ich nenne es **Erfüllung.**

Als ich begann, mich selbst zu lieben, da erkannte ich, dass mich mein Verstand durcheinanderbringen und krank machen kann. Aber als ich ihn mit meinem Herzen verband, wurde mein Verstand zu einem wertvollen Verbündeten.

Heute nenne ich diese Verbindung **Weisheit des Herzens.**

Wir brauchen uns nicht weiter vor Auseinandersetzungen, Konflikten oder irgendwelcher Art von Problemen mit uns selbst oder anderen zu fürchten. Sogar Sterne kollidieren und aus ihrem Zusammenprall werden neue Welten geboren.

Heute weiß ich: **Das ist das Leben!**"

Charlie Chaplin,
vorgetragen an seinem 70. Geburtstag, am 16. April 1956

L(I)EBE ist Selbstliebe
Dies ist deine Wahl.

L(I)EBE IST DEINE ENTSCHEIDUNG!

DER RUF NACH LIEBE

„*Liebe mich dann am meisten,*
wenn ich es am wenigsten verdient habe,
denn dann brauche ich es am nötigsten."

Helen Keller

Ein Ruf nach Liebe ist immer ein Ruf nach Selbstliebe!

Einem Ruf nach Liebe liegt immer ein Übermaß irgendeiner Form der Angst zugrunde. Angst kommt vom Lateinischen *angustus* und bedeutet Enge. Letztlich ist es immer die Angst, nicht geliebt zu SEIN oder nicht (da) SEIN zu dürfen. Und nicht (da) SEIN zu dürfen, bedeutet Trennung. Es geht somit um das Gefühl des Getrenntseins.

Wann immer wir in der Angst sind, ist unser Bewusstsein eng, da es sich getrennt hat vom Ganzen, von der Einheit, vom ALL-EINS-SEIN. Es geht also darum, über die eigenen Grenzen zu blicken, diese zu überwinden und dadurch das Bewusstsein zu weiten, um Bewusstes Sein zu erlangen und schließlich immerwährend in diesem Zustand der Bewusstheit zu verweilen. Dies ist der Schritt raus aus der Enge, raus aus der Angst, rein in die Freiheit, rein in die Grenzenlosigkeit.

Aus dieser Angst heraus, *nicht* geliebt zu sein, nicht (da) sein zu dürfen, somit getrennt zu sein, entstehen alle unsere negativen Gedanken, Emotionen, Glaubenssätze, Überzeugungen, Prägungen, Handlungen und letztlich Probleme.

Zu diesen Problemen zählen auch die vermeintlich „guten" Eigenschaften, wie:

- Selbstlosigkeit
- Selbstaufopferung

Ja! Auch diese Gefühle entstehen aus einem Mangel an Liebe zu seinem Selbst. Man wird sein Selbst los oder man opfert sein Selbst auf. Das würde das Selbst niemals tun. Dies ist der Gegenpol der Liebe. Hier regiert eindeutig das Ego-Ich. Ebenso zählen zu diesen Problemen alle anderen niedrig schwingenden Gedanken, Emotionen und Eigenschaften. Ein Choleriker, der regelmäßig „ausflippt", schreit bereits förmlich nach (Selbst-)Liebe.

Ein Narzisst hat beispielsweise ein sehr instabiles, dadurch oft sehr geringes Selbstwertgefühl. Daher „bläht" er sich dann auf, da er glaubt, dies so kompensieren zu können.

Persönlichkeitsstörungen, z. B. der Anankast (Pedant), sind meist durch tiefe Verletzungen in der frühen Kindheit entstanden.

Da Kinder alles ungefiltert aufnehmen, ist ihre einzige Möglichkeit, sich zu schützen, das Verdrängen. Es drängt also dieses Kind – auch später als Erwachsenen (da oft noch viel intensiver) – aus dem Unbewussten (Unterbewusstsein). Da es unbewusst geschieht, weiß diese Person bewusst gar nicht, warum sie nun so (re)agiert.

Dies sind alles Rufe nach (Selbst-)Liebe. Unbewusste Rufe nach (Selbst-)Liebe. Das bedeutet, dass derjenige, der durch sein – oft auch abnormales – Verhalten nach (Selbst-)Liebe ruft, sich dessen gar nicht bewusst ist. Denn wenn ihm das bewusst wäre, könnte er ja an dem Problem arbeiten und es lösen.

So rufen also viele Menschen nach der (Selbst-)Liebe im Außen und sind sich nicht bewusst, dass sie diese Liebe nur in ihrem Innern, in ihrem Selbst, finden können.

LIEBE DAS JETZT!

„Es gibt nur eine Zeit,
in der es wesentlich ist, aufzuwachen.
Diese Zeit ist jetzt."

Buddha

Der beste Moment ist JETZT!
Und es ist immer JETZT!

Du bist, lebst und liebst immer im Jetzt!

Die dankbare, liebevolle Annahme des Jetzt wirkt sich auf alles in unserem Leben aus, auch auf unsere Vergangenheit und Zukunft.

Was hat das Leben im Hier und Jetzt mit Vergangenheit und Zukunft zu tun?

Unsere Zukunft gestalten wir im Jetzt.

Das Jetzt wird durch die Vergangenheit (meist unbewusst) beeinflusst.

Wenn wir im Hier und Jetzt kein absolut liebevolles, erfülltes und glückliches Leben führen, wie soll dann eine glückliche Zukunft daraus entstehen?

An dieser Stelle wird unsere unbewusste Vergangenheit interessant, aus der unsere Probleme unbewusst beeinflusst werden.

Wenn wir es schaffen, über unser Unterbewusstsein und über unser Überbewusstsein an die Quelle zu gelangen, lösen wir uns dort von Problemen bzw. transformieren diese in die höchste Schwingung.

Problemlösung = Annahme

Die Annahme löst das Problem, da es in der Annahme keine Probleme geben kann.

Wenn ich alles und jeden gänzlich annehme, kann ich kein Problem mehr haben. Dann ist alles einfach gut, wie es ist. Die Annahme katapultiert mich ganz von selbst in die höchste Schwingung, in die Selbstliebe. Denn letztlich nehme ich mich damit selbst an!

Dies führt zu einem Wechsel in der Blickrichtung in vielerlei Hinsicht. Wir blicken nun als Beobachter liebevoll auf die Vergangenheit zurück, was zu Dankbarkeit für die Geschehnisse und für unser daraus entstandenes Wachstum führt. Die zuvor oft sehr trüb gesehene Vergangenheit hellt sich plötzlich auf.

Dies ermöglicht Selbstvergebung dafür, sich selbst mit diesem negativen „Gepäck" so lange belastet zu haben. Es führt weiter zu der Erkenntnis, dass das Leben keine Fehler macht und wir nur „geliefert" bekommen, was wir selbst – meist unbewusst – durch unsere Gedanken und unseren Glauben verursacht haben. Unsere Gedanken und den Blickwinkel auf die Geschehnisse können wir jederzeit ändern. Dies führt uns zu einem glücklichen Leben im Hier und Jetzt, was wiederum unsere Zukunft gestaltet.

**Fang also an – im und das Jetzt – zu lieben!
Denn der beste Moment ist immer JETZT!**

DAS JETZT IST IMMERWÄHRENDE VERÄNDERUNG

„Nichts ist so beständig wie der Wandel.
Alle Dinge sind im ewigen Fluss, im Werden,
ihr Beharren ist nur Schein."

Heraklit

Erfreue dich an jeder Veränderung!

Das Jetzt ist Freude an der stetigen Veränderung. Wieso sich dann dagegen sträuben und seinem Selbst die Freude nehmen?

Ob mit oder ohne Freude, Wandel und Veränderung sind die Konstanten in unserem Leben. Schließlich hat sich die Seele hier inkarniert, um neue Erfahrungen zu machen. Und diese Erfahrungen kann sie nur durch Veränderung erleben. Man achte hier auf die Klarheit der Sprache.

Im Erleben findet das Leben statt.

So wird jeder Moment zu einem ganz besonderen einzigartigen Moment. Und dieser Moment findet immer im JETZT statt. Unser ganzes Leben ist eine Aneinanderreihung von einzigartigen Momenten, die niemals wiederkehren. Ein immerwährendes ewiges Jetzt. Dieses Jetzt gibt es nur JETZT, es war noch nie und kehrt nicht wieder.

Wenn wir uns dessen wieder bewusst werden und jeden Moment präsent im Hier und Jetzt genießen, treten wir damit ein in die Zeitlosigkeit. In das ewige, lebendige und spannende Jetzt! Denn das Leben geschieht nur im Jetzt! Es hat noch nie gestern oder morgen stattgefunden, sondern immer Jetzt!

Das Jetzt ist ständige Veränderung und Veränderung ist spannend.

Spannung hält uns wach und lässt uns erwartungsvoll beobachten.

Wenn ich ganz und gar eintauche in den gegenwärtigen Moment, indem ich etwas beobachte, bin ich ganz präsent, im Hier und Jetzt. Etwa so, als wenn eine Katze vor einem Mauseloch sitzt und dieses beobachtet, da sie darauf wartet, dass die Maus erscheint. Ganz präsent und allzeit zum Sprung bereit.

Wenn ich es schaffe, konstant in diesem Zustand des Beobachters zu verweilen, ist dies bereits mein Quantensprung. Ich bin dann nur noch der Beobachter. Gedankenstille tritt ein und ein Gefühl von Freude, Freiheit, Glückseligkeit und tiefem inneren Frieden breitet sich aus. Mit der Gedankenstille trete ich ein in die Zeitlosigkeit.

Willkommen im immerwährenden ewigen Jetzt!

DU DARFST SEIN!

„Sein oder Nichtsein, das ist hier die Frage."

William Shakespeare

L(I)EBE

Alles andere ist vergebliche Liebesmühe

Was wäre denn, wenn wir uns alle gegenseitig so sehen könnten, wie wir sind? Alle Neigungen und Charakterzüge? Auch die Persönlichkeit. Nun, die Antwort ist denkbar einfach.

Wir dürften einfach sein!

Jegliches Lügen, Verstecken oder Verbergen wären zwecklos. Somit würde es keinen Sinn mehr ergeben, irgendeine Form von Energie hineinzustecken, und wir könnten diese Energie in sinnvollere Gedanken und Aktivitäten investieren. Das schafft Freiheit, neue Möglichkeiten und bringt eine neue Qualität von Offenheit und Ehrlichkeit mit sich.

Die Lehre des Siang Mien besagt, dass sich der Charakter im Leben entwickelt, während die Persönlichkeit das ist, was die Seele mitbringt. Das Siang Mien ist eine Sonderform der Gesichtlesekunst aus China. Im Siang Mien werden den ca. 30 Gesichtsformen jeweils Talente und Lernaufgaben zugeordnet. Die Summe von Talenten und Lernaufgaben führt uns dann zu einem bestimmten Archetyp und der jeweiligen Lebensaufgabe. Je weiter sich der Charakter von der Persönlichkeit entfernt, desto näher sind wir den psychischen Krankheiten. Auch dies ist in unserem Gesicht erkennbar, für denjenigen, der die Sprache des Gesichts lesen und deuten kann.

Da wir dies instinktiv wissen und alle unser individuelles „Gepäck" (negative Glaubenssätze, Überzeugungen, Prägungen … es hat viele Namen) mit uns tragen, versuchen wir es meist zu verbergen. Viele Menschen sind unbewusst der Meinung, nicht gut genug oder nicht liebenswürdig genug zu sein. Also nicht würdig zu sein, geliebt zu werden!

Die meisten Menschen wenden sehr viel Mühe und Geld dafür auf, um gesehen oder auch nicht gesehen zu werden. Wenn das mitgetragene „Gepäck" sehr negativ ist, strengen sie sich noch mehr an, so gesehen zu werden, wie sie denken, geliebt zu werden. Das gipfelt oft im Perfektionismus oder im Schönheitswahn. Ein insgesamt sehr anstrengendes Leben. Oder sie strengen sich an, möglichst gar nicht gesehen zu werden.

Es ist jedoch immer nur eine Frage der Zeit, bis es dann doch gesehen wird. So viel Anstrengung und vergebene Liebesmühe! Wofür? Um dann doch irgendwann aufzufliegen … dies endet in so manch unliebsamer Situation im Leben, in die wir dann geraten. Das können Trennungen, Schmerzen, Verluste und/oder Entbehrungen jeglicher Art sein.

Weshalb willst du dich weiter anstrengen und diese Mühen auf dich nehmen, wenn es ohnehin nicht funktioniert? Du täuschst letztlich immer nur dich selbst. Dies führt dann zu Enttäuschungen. Du hast dich selbst getäuscht und dafür auch noch viele Anstrengungen und Mühen auf dich genommen.

Entscheide dich doch besser gleich für den Weg der Freude und Leichtigkeit.

L(I)EBE IST DEINE ENTSCHEIDUNG!

DAS ZIEL HINTER DEM ZIEL

„Liebe ist Annahme von ALLEM und
JEDEM! Hier gibt es keine Ausnahmen!"

Christiana Schweizer

Was ist das Ziel hinter dem Ziel?

Über die Selbsterkenntnis zur Selbstverwirklichung zu gelangen und dies erfordert einen ersten großen Schritt: **die Selbstannahme. Wir hören auf uns zu verstellen.**

Wozu Energie in ein Lügen und Verstellen investieren, wenn es dann doch nur eine Frage der Zeit ist, bis ich damit auffliege? Der bessere Weg ist es immer, diese Energie in mein Selbst zu investieren. Mein Selbst erkennen, annehmen und lieben zu lernen.

Selbstannahme = Selbstliebe.

Wie können wir dieses Ziel erreichen?

1. Wahrnehmen
Wir können die Vorboten und Vorzeichen wahrnehmen

Das Leben beugt vor und macht keine Fehler. Es sendet uns Boten und Zeichen. Diese Boten sind andere Menschen und Situationen, die uns als Spiegel dienen, die unsere wunden Punkte drücken. Sie zeigen uns, dass wir hier noch in irgendeiner Form negatives belastendes „Gepäck" mit uns tragen.

Kannst du die Zeichen, die dir diese Boten bringen, wahrnehmen? Bist du auch in der Lage, deine Gedanken zu beobachten?

Wenn wir unsere Sichtweise darauf ändern und dankbar für diese Hinweise sind, die uns diese Boten liefern, dann können wir fort an dieses negative „Gepäck" über die Annahme und die Dankbarkeit in die höchste Schwingung transformieren. Außerdem können wir so gleich die Boten annehmen, denn sie liefern uns wertvolle Hinweise, um zu unserem Selbst zu finden.

2. Verstehen
Wir können die
Botschaften verstehen

Wir Menschen dienen uns gegenseitig immer alle als Spiegel. Meist geschieht dies unbewusst. Ich spiegele meinem Gegenüber etwas und umgekehrt. Oftmals gefällt es uns nicht, was wir da gespiegelt bekommen. Gerade dann, wenn es uns nicht gefällt, sollten wir besonders bemüht sein, die Botschaft, die dahintersteckt, zu verstehen.

Diese Botschaft weist uns auf eine Herausforderung hin, die es jetzt zu meistern gilt. Wenn wir die Botschaft verstehen, können wir die Herausforderung meistern. Denn Klarheit befreit.

Hierin liegt eine große Chance. Wenn wir die Botschaft verstehen, können wir Verständnis für den Plan unserer Seele aufbringen. Dies ist ein ganz wichtiger Schritt, um den nächsten Schritt beschreiten zu können. Verständnis ist die Voraussetzung für die Annahme. Weshalb sollte ich etwas annehmen, das ich nicht verstehe?

Jede Herausforderung liefert uns immer auch eine Botschaft, aus der dann eine Erkenntnis hervorgehen kann. Dies ist das Geschenk der Herausforderung. Es liegt immer an uns, an unserem Blickwinkel, wie wir den Herausforderungen unseres Lebens begegnen.

Bist du offen und bereit für die Botschaft?

Kannst du die Botschaft verstehen?

3. Annehmen
Wir können dann die Botschaften
daraus annehmen

Wenn mich das Verhalten meines Gegenübers noch in negative Gefühle zu versetzen vermag, so habe ich noch ein Thema damit, ansonsten könnte ich gelassen und souverän einfach mit einem „ES IST" reagieren. Anders ausgedrückt, ich gehe (noch) in Resonanz damit.

Dieser negativ empfundene Spiegel will mir nur zeigen, dass es an der Zeit wäre, dieses Thema jetzt anzugehen und ins Positive, in die höchste Schwingung, zu transformieren.

Allen negativen Gefühlen, also allen niedrigen Schwingungen, liegt irgendeine Form der Angst zugrunde. Und unseren Gefühlen gehen immer Gedanken voraus. Die Summe daraus steuert letztlich unser Tun, was dann unseren Lebensweg generiert. Dies größtenteils unbewusst.

Gedanken führen zu Gefühlen und unsere Gefühle steuern unser Tun. Es fängt also immer mit dem Gedanken an. So könnte ich beginnen meine Gedanken zu beobachten und Gedanken, die mir nicht gefallen, einfach nicht festzuhalten. Ich kann sie beobachten und einfach weiterziehen lassen. Wenn sich bereits ein niedrig schwingendes Gefühl aus dem vorausgegangenen Gedanken geformt hat, kann ich mich nur noch in der Annahme üben. Die Annahme der Botschaft und des Überbringers der Botschaft. Hierin liegt viel Potenzial.

Kannst du die Botschaft und den Überbringer der Botschaft annehmen?

wahrnehmen > verstehen > annehmen

Das Ziel ist immer die Annahme. Wenn ich gänzlich in der Annahme bin, verspüre ich keinen Widerstand mehr und habe keine Probleme mehr, da sich Probleme in der Annahme auflösen. Das ist so, als wenn du das Licht einschaltest und damit die Dunkelheit einfach verschwindet. Es ist genauso einfach, schnell und effektiv.

Die Annahme löst die Probleme auf.

Annahme ist Liebe.

L(I)EBE IST DEINE ENTSCHEIDUNG!

ES GIBT 2 WEGE

„Horizontale oder Vertikale?
Innerhalb der Zeit oder zeitlos
im immerwährenden Jetzt?
Du hast die Wahl.
Es ist deine Entscheidung."

Christiana Schweizer

Du darfst deinen Weg wählen!

Es ist deine freie Wahl. Bleibst du weiterhin in der Welt der Dualität? Hier befindest du dich auf der Zeitlinie, auf der Horizontalen. Oder du begibst dich in die Welt des Beobachters, auf die Vertikale, und trittst damit ein in die Zeitlosigkeit.

Der Weg des Ego-Ichs ist der Weg der Widerstände, der negativen Gedanken und Gefühle.

Verurteile dich nicht selbst, wenn du feststellst, dass du dich (noch) auf diesem Weg befindest. Es war der Plan deines Selbst, zunächst diese nicht lichtvollen Erfahrungen zu machen, und dies können wir nur in der Dualität. Es ist also immer alles gut, wie es ist.

Wenn dich dein Selbst wieder nach Hause ruft – und du kannst sicher sein, dass es das tut, wenn du dieses Buch liest –, so gibt es 2 Wege, die dich zurückführen können. Der Weg in der Dualität mag dir zu Beginn leichter erscheinen, da er sehr wahrscheinlich zu Beginn auch für deinen Verstand leichter verständlich ist. Es kann dir dienlich sein, mit diesem Weg zu beginnen, damit der Verstand es auch verstehen kann und sich so allmählich aus den Widerständen herausbegibt. Je weniger Widerstände da sind, desto leichter wird dein Weg.

Wenn du jedoch beide Wege anwendest und dich immer öfter in die Welt des Beobachters begibst, wirst du feststellen, dass in Wirklichkeit der Weg des Beobachters der Weg der Freude ist. Dies ist der Weg, der dich wieder nach Hause führt. Ein Leben als ständiger Beobachter ist ein Leben im SEIN und ist Bewusstes Sein.

Die Welt der Dualität
Das Leben als Ego-Ich

In der Welt der Dualität gilt es, gezielt hineinzufühlen. Wann immer ein negativer Gedanke oder ein negatives Gefühl aufkommt. Sich für sich selbst Zeit zu nehmen. Sich zurückzuziehen. Die Augen zu schließen und zu erforschen, wo dieses Gefühl, dieser Gedanke, seinen Ursprung hat. Die effektivste Methode in der Welt der Dualität – wenn ich mich also noch mit meinem Körper identifiziere – ist die Annahme des Gefühls nach P'Taah. „Das Leben: Eine Reise zu dir selbst" ist 2013 im Robert-Betz Verlag erschienen. Mit diesem Buch gibt uns der geistige Lehrer P'Taah einen Wegweiser zu unserem Ursprung an die Hand. Dies ist ein leicht verständliches und kompaktes Nachschlagewerk für alle, die sich wieder erinnern wollen, wer sie wirklich sind.

Nach P'Taah nehmen wir den Gedanken und das mitgelieferte Gefühl an. Dies ist die wahre Umprogrammierung (Transformation) des Gedankens. Ersetze den negativen (angstbesetzten) Gedanken durch einen positiven (liebevollen) Gedanken.

Unsere Gefühle haben wir durch unsere Gedanken selbst erschaffen. Jedem negativen Gedanken und dessen Produkten, unseren Gefühlen, liegt irgendeine Form der Angst zugrunde. Wir können dem also auf den Grund gehen. Mit den Gefühlen verhält es sich so wie mit den Menschen. Sie wollen einfach nur (da) SEIN dürfen. Sie wollen angenommen sein. Ein „schwieriger" Mensch weiß selbst sehr genau, dass er mit seinem Verhalten oft aneckt. Umso dankbarer ist er, wenn er einfach so angenommen wird, wie er ist. Wenn er einfach nur (da) SEIN darf.

Wenn wir nun also die Angst, egal in welcher Form sie sich zeigt, einfach nur annehmen, schwächt sie sich augenblicklich ab. Es geht somit nicht darum, die Angst zu überwinden (im Sinne von Loswerden oder Hinter-Sich-Lassen), wie es oft gelehrt wird. Das Gegenteil ist der Fall. In der Dualität geht es um die Annahme. Die Angst darf da sein. Ohne die Angst wüssten wir doch gar nicht, was Liebe ist. Kein

Pol ohne Gegenpol. Es geht darum, in Balance, in die Mitte, zu kommen. Es geht also um ein gesundes, dienliches Maß an Angst. Dies gelingt uns, indem wir die Angst annehmen. In das Gefühl, das aus einer Angst heraus entstand, bewusst hineinfühlen. Diesem Gefühl erlauben, da zu sein, und es eben nicht wieder wegdrücken und so noch tiefer ins Unterbewusstsein verdrängen.

Denn mit dem Verdrängen ermächtigen wir Gefühle, sie werden dann übermächtig und sie steuern uns unbewusst. Wir erreichen mit jeglichem Verdrängen somit genau das Gegenteil. Des Rätsels Lösung ist die Annahme.

Kurz gesagt, lade die jeweilige Angst ein, umarme sie, fühle sie bejahend, annehmend, im Bewusstsein, dass du sie selbst als mächtiger Schöpfer erschaffen hast, und sie wird sich auf ein dir dienliches Maß abschwächen. Augenblicklich. Wir wollen sie weder überwinden noch wegdrücken. Denn ein gesundes Maß an Angst hat schon seit jeher das Überleben des Menschen gesichert. Sie darf also auch da sein!

„Die Dosis macht das Gift."

Paracelsus

Die Welt des Beobachters
Das Leben im SEIN als ICH-BIN/ICH-SELBST

Dieser Weg ist einfach, jedoch nicht immer leicht. Wir gelangen zum All-Eins-Sein, indem wir uns unseres Selbst wieder bewusst werden und die Wahl treffen, unserem Selbst wieder die Führung zu übergeben. Dies geschieht, indem wir uns selbst beobachten und so aus der Zeitlinie (Horizontale) in das Jetzt (Vertikale), in den gegenwärtigen Moment, begeben.

Im Jetzt leben wir als ICH-BIN, sind uns immer unseres Selbst bewusst, sind uns bewusst, dass wir die Quelle nie verlassen haben, wie uns das Buch „Ein Kurs in Wundern" lehrt. Dieses zeitlose Buch ist im Greuthof Verlag erschienen (Erstausgabe 1976) und ist ein Selbstlernkurs, der über ein Jahr verteilt für jeden Tag eine Lektion bereithält. Das Wunder ist letztlich der Wechsel unserer Blickrichtung auf alles, was uns widerfährt, und auf jeden, der uns begegnet. Als Ich-Selbst identifizieren wir uns nicht mehr mit unserem Körper, auch nicht mehr mit unserem Verstand.

Als ICH-BIN bin ich ALL-EINS und blicke als Beobachter auf die Geschehnisse. Als ICH-BIN begreife ich dieses Leben als ein Spiel, das mir zur Freude gespielt wird, damit ich Erfahrungen machen kann. Alles und jede Erfahrung darf sein. Alles und JEDER darf SEIN. „ES IST" ist meine Haltung.

ICH-BIN hat kein Karma, denn der, der das Karma verursachte, bin ich dann nicht mehr. ICH-BIN lässt Gedanken einfach vorüberziehen und beobachtet nur. ICH-BIN fällt keine Entscheidungen, sondern trifft Entscheidungen. Richter fällen Urteile, wohingegen das Ich-Selbst nicht urteilt und stattdessen eine bewusste Wahl trifft. Als ICH-BIN bin ich wahrhaftig, habe einen idealen Zugang zu meinen Talenten und Potenzialen und lebe meine Bestimmung.

Dieser Weg ist einfach, jedoch nicht immer leicht, und will geübt sein.

Die effektivsten Methoden, in die Welt des All-Eins-Seins einzutreten – wenn ich mich also nicht mehr mit meinem Körper identifiziere –, sind eine Reise der Seele und das *Selbst = Bewusstes-Sein-Training*.

Es ist der Weg der Annahme und auch der Weg des Loslassens.

Ich lasse zuletzt auch das Loslassen SEIN. Dies ist ein befreiender Weg, als Ich-Selbst zu leben. Er befreit gleichsam das Ego-Ich, denn es darf auch SEIN und dieser Weg ermöglicht unserem Selbst, die Erfahrungen zu beobachten, die das Selbst ohne das Ego nicht machen könnte.

Wenn das Ego-Ich und das Ich-Selbst sich gemeinsam auf das Ziel der Seele ausrichten, werden dadurch ungeahnte Talente und Kräfte freigesetzt. Es ist jetzt ein Miteinander und kein Gegeneinander mehr. Dies ist der Weg der Freude und der Leichtigkeit.

*Eine harmonische Symbiose entsteht.
Es ist deine Wahl.*

L(I)EBE IST DEINE ENTSCHEIDUNG!

HEIL SEIN

„*Ein Teil der Heilung war noch immer,
geheilt werden zu wollen.*"

Seneca

Heil Sein ist Harmonie und bedeutet, in seiner Schöpferkraft zu sein

Ein erster Schritt ist die Übernahme der SELBSTverantwortung.

Heil Sein bedeutet, in Harmonie zu sein, in Ordnung zu sein, in seiner Mitte zu sein. Dies bedeutet, in seiner Schöpferkraft zu sein.

Harmonie verlangt Ehrlichkeit zu mir selbst und zu anderen Menschen. Anders ausgedrückt: „Unehrlichkeit scheidet mich von der Harmonie." Wenn ich also in Harmonie sein will, muss ich mich von Ausreden verabschieden. Auch Notlügen sind Lügen. Es gibt keine Not, die mich zum Lügen zwingt. Auch etwas bewusst zu verschweigen, da ich z. B. weiß, dass dies meinem Partner missfällt, ist eine stille Lüge. Es geht darum, authentisch zu sein. In Wahrhaftigkeit zu leben ist eine Grundhaltung.

Sobald ich echt, ehrlich und authentisch bin, kann ich mein gesamtes Leben danach ausrichten und alles sein lassen, was die Harmonie stört, um in meiner Schöpferkraft zu SEIN.

Der erste Schritt ist die Übernahme der Selbstverantwortung und bedeutet in erster Linie, sein Selbst nicht mehr zu verraten, also sein Selbst nicht mehr zu belügen und es auch nicht mehr zu betrügen.

Selbstverrat hat viele Hintergründe und kann sehr viele verschiedene Formen annehmen. Wenn wir nicht wahrhaftig sind und lügen, dann belügen wir immer andere und unser Selbst. Lügen ist immer eine Form des Betruges.

Auch dann, wenn man „nur" sich selbst Dinge oder Situationen schönredet. Dann betrügt man sein Selbst! Es ist ein Verrat an seinem Selbst! Also Selbstverrat.

Verrat ist aus spiritueller Sicht weder gut noch schlecht. Verrat gehört zur Liebe dazu, zum Wandel, da es den Wandel und das daraus resultierende Wachstum erst ermöglicht.

Verrat ist in der Dualität eine Facette der Liebe, wenn sie nicht aus der Mitte gelebt wird, also das Pendel zu weit in die Angst hineinschwingt. Dann kann auch Eifersucht daraus entstehen. Oder dass man sich zu sehr an einen anderen Menschen klammert oder überbeschützt und zum Beispiel dem Kind die Chance nimmt, auch einmal zu stolpern und daraus frühzeitig zu lernen, und dass das Kind dadurch vielleicht zu einem völlig unselbstständigen Erwachsenen heranwächst.

In der Dualität sind das alles Variationen der Liebe des Ego-Ichs, wo das Pendel zu weit ausschlägt und nicht in der Mitte ist. Jede Situation kann zum Wandel und zum Wachstum genutzt werden. Egal wie sehr das Pendel in die eine oder andere Richtung ausschlägt, das daraus entstandene Wachstum bringt einen wieder mehr in die Mitte zurück. Und wenn es extrem ausschlägt – ganz extrem –, dann braucht es Extreme, um den Wandel und das Wachstum zu ermöglichen.

Wenn wir das erkennen, können wir den Wandel auch selbst einleiten, daran wachsen und gestärkt aus solchen Situationen hervorgehen.

Wie?

Indem wir aufrichtig zu unserem Selbst sind, uns nicht verbiegen, um anderen gefallen zu wollen, um des Geliebtsein willens! Denn die Liebe, die uns im Außen gespiegelt wird, kann nur aus unserer Selbstliebe heraus entstehen. Diesen Kreislauf nach unten sollten wir durchbrechen. Es gilt, dies zu erkennen und zu ändern.

Es gibt so viele Varianten des Nicht-ehrlich-Seins. Hier haben wir uns immer zu weit aus der Mitte, aus unserer Mitte, aus der Mitte des All-Eins-Seins entfernt.

Auch das bewusste Verschweigen von Dingen oder Informationen kann eine Form des Nicht-aufrichtig-Seins, des Nicht-wahrhaftig-Seins, annehmen. Dies sind stille Lügen. Etwa dann, wenn wir in einer Partnerschaft bestimmte Regeln vereinbart haben und einen Verstoß einfach verschweigen. Oder wenn wir jemanden beschützen wollen und nicht erkennen, dass wir demjenigen so – aus dem Helfenwollen heraus – nicht seine eigenen Lernschritte zugestehen und wir uns so über ihn erheben, da wir glauben zu wissen, was jetzt für den anderen gut sei.

Oder auch, wenn wir ungeklärte Verhältnisse – im Privaten wie im Geschäftsleben – verschweigen und neue Partnerschaften eingehen. Es ist immer nur eine Frage der Zeit, bis wir damit auffliegen und dies zu Komplikationen führt.

Wenn wir uns also nicht entscheiden können, so kommt die Entscheidung von außen. **Dies ist das Gegenteil von Selbstbestimmtheit.**

Selbstverrat ist immer ein Ausschlag des Pendels aus der Mitte. Solche Ausschläge aus der Mitte sind beispielsweise Perfektionismus, Schönheitswahn, Lügen, Übervorteilung anderer, Selbstaufopferung, um hier nur einige Beispiele zu nennen.

Dies stellt keine Wertung dar. Aus spiritueller Sicht ist es einfach nur nicht in der Mitte und bedarf einer Korrektur. Je weiter das Pendel aus der Mitte ausschlägt, desto größerer Korrekturen bedarf es und umso härter werden diese Kurskorrekturen dann in den einzelnen Fällen empfunden.

So kann es z. B. sein, dass ein überbehüteter junger Mensch plötzlich von dem behütenden Teil verlassen wird, da dieser verstirbt, und er so auf sich alleine gestellt ist. Dies ist dann seine Chance, erwachsen zu werden.

So kann es z. B. auch sein, dass Lug und Betrug aufgedeckt werden, was meist einschneidende Konsequenzen mit weitreichenden Folgen für den/die Lügner/Betrüger hat. Sie bekommen hierdurch Gelegenheit, ihr Verhalten zu überdenken und so ihren Weg nach innen zu beginnen. Nicht selten dadurch, dass sich andere Menschen abwenden und/oder im Außen nichts mehr geht und sie im schlimmsten Fall auch gelegentlich im Gefängnis landen.

Die Frage, die wir uns – bei allem, was wir tun oder nicht tun – stellen sollten, ist also: „Bin ich, wenn ich dies oder jenes tue oder dies oder jenes unterlasse, noch wahrhaftig oder verrate ich damit mein Selbst?"

Wenn ich mich selbst verrate (belüge), kostet es mich und andere Kraft (Energie). Wie die Kinesiologie, durch einfache Muskeltests, längst belegt hat, bestätigt unser Körper eine wahre Aussage – also Wahrhaftigkeit – mit Kraft. Und unser Körper bestätigt eine unwahre Aussage – also nicht wahrhaftig zu sein, was einer Lüge und einem Selbstverrat entspricht – mit Schwäche.

Wenn ich mein Selbst und andere belüge, verrate ich in erster Linie mein Selbst. Dies kostet mich und auch mein Umfeld Kraft (Energie). Folglich bin ich ein Energieräuber, da ich die Kraft (Energie), die ich benötige, nicht in meinem Inneren habe. Denn mein Selbst zu belügen bedeutet, mich selbst zu schwächen und auch mein Umfeld zu schwächen. So muss ich mich dann nicht wundern, wenn sich Menschen, die dies erkennen und wahrnehmen, sich von mir abwenden bzw. fernhalten.

Die Lösung liegt auf der Hand und erscheint so simpel.

Warum hören wir denn dann nicht einfach auf unser Selbst zu verraten? **Was verhindert dies denn?**

Nun, es ist jenes Übermaß an Angst in uns. Angst hat viele Gesichter und viele Hintergründe. Die Angst denkt „Wenn ich mich zeige, wie ich bin, liebt mich keiner" oder „Wenn ich ehrlich und authentisch bin, kann mir daraus ein Nachteil entstehen".

So z. B. am Arbeitsplatz. Wenn ich meinem Vorgesetzten gegenüber ehrlich und authentisch bin und mir dies zum Nachteil gereicht, ist dies ein deutliches Zeichen dafür, dass dies nicht mein Weg ist. Dann hat das Leben etwas noch viel Besseres mit mir vor. ES IST. Hier geht es um die Annahme dessen, was ist, so kann das Bessere erfolgen.

Es geht in der Dualität nicht darum, die Angst zu besiegen, sondern vielmehr darum, sich von einem Übermaß an Angst zu scheiden, indem man seine Ängste ansieht – ihnen ins Auge sieht – und sie annimmt. Durch diese Annahme schwächt sich die Angst auf ein uns dienliches Maß ab. Augenblicklich.

Der bessere Weg ist jedoch, aus der Dualität ins All-Eins-Sein zu treten, in die Liebe selbst, denn wo Liebe ist, ist keine Angst.

Wenn wir dann gelernt haben, wahrhaftig zu leben, sollten wir es halten wie Voltaire: „Alles, was du sagst, sollte wahr sein. Aber nicht alles, was wahr ist, solltest du auch sagen."

Nicht jede Wahrheit muss also immer und unbedingt ausgesprochen werden. Manchmal ist es in einer Beziehung vielleicht dienlicher, einfach über bestimmte Dinge hinwegzusehen. Aber auf das, was du sagst, sollte man sich verlassen können!

Wahrhaftigkeit ordnet und
führt dich ins Heil Sein!

Wahrhaftigkeit gibt dir Kraft!

Unwahrhaftigkeit schwächt dich!

KAPITEL 3

DIE 3 WICHTIGSTEN FRAGEN

„Alles im Nebel?
Klarheit befreit!"

Woher kommen wir?

Wo ist die Quelle? Wo ist das Paradies? Diese Frage hat man mir schon oft gestellt. Die Quelle ist kein Ort. Die Quelle ist ein Bewusstseinszustand, eine höhere Dimension, und somit immer und überall gegenwärtig. Die Schwingung in dieser hohen Dimension ist so hoch, dass wir sie mit der niederen Schwingung des Ego-Ichs nicht wahrnehmen können. Sie ist dennoch da und alles ist mit allem verbunden. Die Quelle ist immer überall da und somit auch jetzt und hier. Da sie immer und überall ist, können wir sie nicht verlassen haben. Und wenn wir sie nie verlassen haben, sind wir immer dort und immer verbunden. Wir können sie aus der 3. Dimension nicht wahrnehmen. Jeder von uns ist dennoch ein Teil davon und in der Quelle. Wir waren niemals außerhalb von ihr und nie „verloren". Die Quelle ist die Summe von allem, die Ganzheit. Alles ist und geschieht innerhalb der Quelle, alle Universen und auch dieses Spiel, genannt Leben.

Da wir die Quelle nie verlassen haben, haben wir somit auch alle immer einen Zugang und die Verbindung direkt zur Quelle, somit sind wir All-Eins. Im All-Eins-Sein ist alles da, es herrscht Vollkommenheit. Keiner ist besser, größer, weiter, älter, schneller als der andere, denn in der Dimension des Seins gibt es keine Zeit. Somit geschieht immer alles jetzt. Auch alle Leben werden jetzt gelebt, egal ob es um vergangene oder zukünftige Leben geht. Jeder trägt das Licht der Quelle in sich. Es ist nur unterschiedlich tief verschlossen, durch die Mauern, die wir um unser Herz erbaut haben, um dieses zu schützen. Diese Mauer verbirgt dann jedoch auch unser Licht, je nachdem, wie groß die Mauer ist, unterschiedlich stark.

Warum sind wir hier?

Die burmesische Schöpfungsgeschichte kommt dem am Nächsten: „Am Anfang war das Eine, und es gestattete einem Teil von sich, als Viele in Erscheinung zu treten und in die Unvollkommenheit zu gehen, um die Vollkommenheit zu erfahren." Das Eine, das wir als Schöpfung, Quelle, Ursprung, Nullpunkt, Gott … (es hat viele Namen) bezeichnen, schuf die Welt nicht, sondern wurde die Welt. Am Anfang hatte das Eine noch nicht erfahren, was es ist, sondern nur das Wissen darüber. Daher teilte es sich auf, um dies erfahren zu können. Wir sind alle ein Teil des Einen und somit alle Schöpfer.

Wir sind hier, um als spirituelle Wesen eine menschliche Erfahrung zu machen, nicht umgekehrt! Wir sind hier, um die einzelnen Aspekte von Licht und „Schatten" zu erleben und so alle Erfahrungen zu machen, denn in der Quelle, im Anfang, ist dies nicht möglich, hier herrscht der totale Frieden, die Stille, die pure, bedingungslose Liebe.

Um diese Liebe in Gänze zu erleben und zu erfahren, begeben wir uns in diese Illusion, in diesen Traum, in dieses Spiel, genannt Leben. Wir inkarnieren in einen menschlichen Körper, in die Dualität. Inkarnieren bedeutet für die Seele, dass sie ihre Schwingung extrem verlangsamt, wodurch sie sich mit einem menschlichen Körper verbinden kann, denn ein Körper schwingt sehr langsam, damit er sich manifestieren kann und so für unser Auge sichtbar wird. Die hohe Schwingung der Seele ist für das menschliche Auge nicht wahrnehmbar, da sie so unglaublich hoch, also schnell, schwingt. Wenn etwas immer schneller schwingt, verschwimmt es zunächst für unser menschliches Auge. Wird die Schwingung weiter erhöht und noch schneller, können wir es mit den Augen des menschlichen Körpers nicht mehr wahrnehmen.

Wir inkarnieren, um zu erfahren, was der „Schatten" ist, nur dadurch können wir in der Gänze erfahren, was das Licht ist. Wir sind also rein der Erfahrungen wegen hier inkarniert und spielen dieses Spiel, ganz ähnlich wie bei Raumschiff Enterprise auf dem Holodeck. So begibt sich die Seele in diese Illusion, verlässt jedoch nie die Quelle. Damit dieses Spiel auch richtig gut gespielt werden kann, vergessen wir dazu zunächst, wer wir wirklich sind und wo unser eigentliches Zuhause ist und dass wir es nie verlassen haben. Ohne dies zu vergessen, könnten wir dieses Spiel nicht spielen und diese Erfahrungen nicht machen. Dies ist kein Fehler, sondern von unserer Seele alles so geplant und gehört zum Spiel dazu.

Die menschliche Erfahrung der nicht lichtvollen Seite ist demnach nötig, um zu erfahren, was es bedeutet, eine lichtvolle Erfahrung zu machen. Ohne das „Böse" wüssten wir nicht, was das „Gute" ist. So sendet die jeweilige Seele, die der Quelle entsprungen ist, einen Seelenanteil in einen Körper, um eine bestimmte Erfahrung zu machen. Hierzu hat sie einen bestimmten Lebensplan für die jeweilige Inkarnation dabei. So sind wir mal Opfer, mal Täter.

Wenn wir genug Erfahrungen gesammelt haben, ist es an der „Zeit", uns wieder an DEN zu erinnern, DER wir wirklich sind. Dies ist die Voraussetzung, um wieder die Reise zurück zur Quelle, in eine höhere Dimension, anzutreten. Eine weitere Voraussetzung ist es, sich hierfür bewusst zu entscheiden, also neu zu wählen, und so wieder in eine lichtvolle hohe Schwingung zu gelangen. Dies ist demnach eine Wahl und kein Wunsch! Denn eine Wahl sagt aus, dass ich etwas habe, während ein Wunsch aussagt, dass ich gerne etwas hätte, was ich nicht habe, und das Universum, unser Holodeck, liefert uns dann genau dies. Wenn ich einen Wunsch aussende, liefert es mir weitere Situationen des Nichthabens, damit ich weiter wünschen kann, also immer mehr vom Selben.

Entweder ich habe (Wahl), oder ich habe nicht (Wunsch). So können wir durch eine bewusste Wahl wieder eintreten in ein Bewusstes Sein und unsere Schöpfermacht wieder bewusst einsetzen.

Es ist wichtig, zu wissen, dass es in der Quelle keinerlei Bestrafung und keinerlei Wertung gibt. Denn wir sind ja inkarniert, um alle Erfahrungen zu machen, da dies in der Quelle, in der höchsten Dimension, nicht möglich ist. Dies war und ist die Absicht des Einen, dass ein Teil von sich alle Erfahrungen macht, nur so kann sich das Eine durch uns erfahren und hierzu gehören alle Erfahrungen dazu, auch die scheinbar Negativen. Um also eine Party feiern zu können, dürfen wir inkarnieren und wählen dafür selbst Raum und Zeit, die Spielfigur, die Mitspieler und die uns zur Verfügung stehenden Spielsachen aus.

Der wohl wichtigste „Lernschritt" für alle ist die Annahme von allem, was ist, und die Annahme von jedem, der ist. Hierzu gehören auch das „Böse", der „Schatten", das „Unlicht", denn in der Dualität sind dies Anteile des Ganzen. Annahme bedeutet nicht, zu werten, denn wir kennen den jeweiligen Plan der Seelen nicht. Die Seele, die mir das Meiste antut, liebt mich am meisten, denn sie war bereit, diese Rolle zu übernehmen und das mit der Rolle mitgelieferte Karma. Das Karma gibt es übrigens nur in der Dualität, solange wir dieses Spiel auf unserem Holodeck mitspielen. Das Selbst kennt kein Karma. Indem ich „austrete" aus der Horizontalen (Zeitlinie), „eintrete" in die Vertikale (Zeitlosigkeit), löst sich augenblicklich jegliches Karma auf. In der Zeitlosigkeit gibt es kein Karma.

Die Reisen der Seele sind nichts anderes als Zeitreisen. Die jeweiligen Seelen wählen für ihre gewählten Aufgaben Zeit und Raum in der dreidimensionalen Welt ganz frei aus. Dies ist möglich, da es in der Dimension des Seins keine Zeit gibt.

Daher finden alle Leben in der Dimension des Seins immer im Jetzt statt, im immerwährenden, ewigen Jetzt. Sie finden somit alle gleichzeitig statt. Dennoch ist nichts festgeschrieben und wir haben immer die Freiheit des freien Willens. So können wir uns immer wieder an bestimmten Wegkreuzungen entscheiden, denn auch im menschlichen Körper sind wir Schöpfer. In der Dimension des Seins, wo alles im Jetzt stattfindet, ist es einfach so, dass der Ausgang – eben dadurch, dass alles im Jetzt und somit gleichzeitig stattfindet – bekannt ist.

Es gilt, diese Dichotomie der Schöpfung zu verstehen. Wir haben den freien Willen, dürfen uns entscheiden und können so durchaus etwas ändern. Dennoch steht der Ausgang fest, da es keine Zeit gibt. So kann die Seele ihre Inkarnationen in der dreidimensionalen Welt ganz frei planen.

Wir alle tragen den göttlichen Kern in uns und haben allesamt den Ursprung nie verlassen. Somit sind wir alle immer im Ursprung – im Anfang – und tragen alle auch das Licht der Quelle in uns und haben so Zugriff auf alles Wissen. Das Licht in uns erscheint unterschiedlich stark, da viele Mauern um ihr Herz errichtet haben, um dieses zu schützen. Egal wie tief das Licht verschlossen wurde, stecken hierin doch jede Chance und Hoffnung. Jeder – wirklich ausnahmslos JEDER – kann es schaffen, die Mauern und Begrenzungen, die er um sein Herz errichtet hat, wieder abzubauen, sodass sein Licht hell erstrahlen kann. Wenn ich dies erkenne, weiß ich auch, wie ich mich aus dieser Einengung befreien kann, sofern ich dies will. Es ist meine Entscheidung.

Da unsere Leben aus der Dimension des Seins vom Selbst geplant werden und wir die einzelnen Pläne nicht kennen und aus dem Verstand heraus nicht begreifen können, erübrigen sich grundsätzlich jegliche Diskussionen.

Wenn ich diskutiere, habe ich zuvor immer gewertet oder geurteilt. Es ist der Gegenpol der Annahme. Werten und urteilen tut immer nur der Verstand, der lediglich auf die begrenzten Erfahrungen dieses Lebens zurückgreifen kann. Der Verstand vermag über die Grenze dieses Lebens nicht hinausblicken.

Auch „Ungerechtigkeiten" stehen nicht zur Debatte. Wenn ich erkenne, dass ich selbst dieses Leben – rein der Erfahrungen wegen – so gewählt habe, kann es auch nicht ungerecht sein. Ich erkenne somit, dass es Schuld und Sünde nicht gibt. Es gibt auch nichts zu vergeben. Wenn es weder Schuld noch Sünde gibt, hat die Gnade im Sinne von „Gnade vor Recht ergehen lassen" ihren Sinn und ihre

Bedeutung verloren und keinen Nutzen mehr, denn sie kann nicht mehr genutzt werden, um uns in Angst zu halten. Die Schöpfung hat keine Verwendung für Gnade, denn die Schöpfung ist die Liebe selbst und hat nie geurteilt oder gewertet. Die Schöpfung nimmt alles an, wie es ist, und nimmt jeden an, wie er ist. Dies ist Annahme. ES IST.

Um zu unserem Selbst zurückzukehren, ist es hilfreich, zu erleben, dass wir den Ursprung nie verlassen haben und ein ungetrennter Teil der Quelle sind. Raus aus dem Verstand und rein ins Herz, denn trennen tut immer der Verstand. Mit dieser Erkenntnis bin ich jedoch auch an einem Punkt angekommen, wo ich eine Wahl treffen und mich bewusst entscheiden kann, wie es von nun an weitergehen soll. Ich darf wieder in meine Schöpfermacht eintreten, indem ich mich erinnere und erlebe, wer ich bin!

Das Drehbuch dieses Lebens kann nicht aus dem Verstand heraus vom Ego-Ich geändert werden. Das Drehbuch schreibt das Selbst und nur das Selbst vermag es zu ändern.

BEWUSSTES SEIN ERSCHAFFT REALITÄT.

Wohin gehen wir?

Wenn die Erfahrung gemacht ist, lassen wir unser Erfahrungsinstrument, den Körper, hier zurück. Wir sterben nicht, sondern ändern nur die Form. Der Körper – das Grobstoffliche – wird abgelegt. Einfach so, als wenn wir ein Kleidungsstück ablegen, welches wir nicht mehr benötigen, und die Seele geht wieder nach Hause ins Seelenleben. Dort gibt es kein Werten und kein Urteilen. Wenn die Seele die Erfahrungen und Aufgaben dieses Lebens – die sie sich selbst gewählt hat – nicht geschafft hat, wählt sie sich ein weiteres Leben aus. Hierfür hat sie so viele Chancen, wie sie benötigt, und auch so viel „Raum" und „Zeit" – also Raumzeit – wie sie benötigt.

Die Erfahrungen sind erst vollständig, wenn die eine Seele alle Erfahrungen gemacht hat. Hierfür wählt sie selbst die jeweilige Spielfigur und den dazugehörigen Plan aus. Die Erlebnisse und Erfahrungen führen zu Erkenntnissen. Indem wir die Erkenntnisse durch unser Tun umsetzen, führt uns dies dann Stück für Stück wieder zu unserem Selbst zurück. Dem göttlichen Kern, dem Licht in uns selbst. Die Mauern um unser Herz dürfen fallen.

Irgendwann kommt auch die Erkenntnis, dass über das All-Eins-Sein, und da es Zeit nicht gibt, bereits alle Erfahrungen gemacht sind und ich Erfahrungen und Erkenntnisse auch einfach abrufen kann, z. B. über eine Reise der Seele. Dies erleichtert Vieles und ist sehr befreiend, da es viel Freiraum schafft. Mit dieser Erkenntnis kann ich Erfahrungen abrufen und muss diese nicht mehr „sammeln", so darf ich mich fort an ganz frei entscheiden, welche Erfahrungen ich noch erleben möchte. Dies erfordert ein hohes Maß an Bewusstheit und gelingt mir, indem ich möglichst ständig aus der Zeitlinie austrete und damit eintrete in die Zeitlosigkeit.

Wenn ich erkenne, dass ich ein Teil des Einen BIN, brauche ich auch keinen Schutz mehr. ICH BIN dann All-Eins. Das EINE ALL-EINIGE.

Wovor sollte oder könnte ich mich dann noch schützen? Es gibt nur noch das ALL-EINIGE.

Wenn du es schaffst, dauerhaft in dieser Zeitlosigkeit zu sein, ist dies dein Übergang in eine höhere Dimension. Dies ist Bewusstheit.

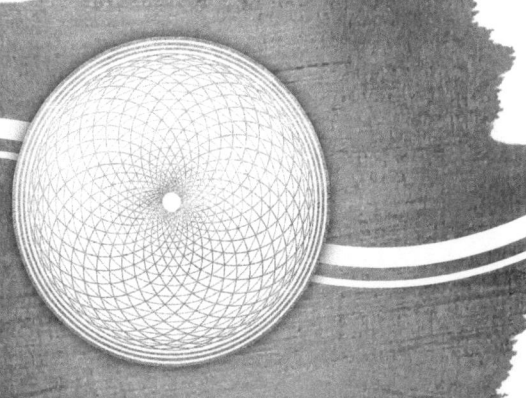

KAPITEL 4

WAS WIRKLICH WIRKT!

„Einer Wirkung geht immer eine Ursache voraus, die ich bewusst oder unbewusst selbst gesetzt habe."

Christiana Schweizer

WIRKUNG IST DAS, WAS SICH VERWIRKLICHT

Du bist immer selbst die Ursache dessen, was sich verwirklicht. Dies ist deine Realität, so wie du sie siehst. Dies ist die Welt, so wie du sie siehst.

Deine Realität gefällt dir nicht? Du suchst eine neue Realität? Du willst ein Leben in Freude, Freiheit, Leichtigkeit und im Frieden führen?

Das ist es, was wir alle suchen, wenn wir suchen. Eine neue liebevolle Realität. Aber was wirkt denn nun wirklich?

Vielleicht hat dich deine Suche zu mir geführt, weil du schon viele Seminare und Methoden erlernt oder ausprobiert hast, doch nichts davon hat dich wirklich weitergebracht? Die anfängliche Euphorie von Motivationsseminaren und Mentaltrainings verfliegt meist sehr schnell, denn es ist ein schwerer Weg, wenn ich Motivation brauche. Hier fehlt die Inspiration! Wenn es nicht intrinsisch ist, also nicht aus deinem Inneren kommt, dann fehlt die Inspiration. Was inspiriert dich? Was bringt dein Herz zum Singen?

Wenn du deine Stärken auslebst, führt dich dies auf deinen Weg der Freude. Hör auf, an deinen Schwächen rumzudoktern, besinne dich auf deine Stärken, lebe sie aus und gehe den Weg der Freude! Dazu solltest du alle deine Talente kennen, auch die verborgenen. Hier kann ich dir mit einer Face-Reading-Beratung Antworten liefern, dies ist die Kunst des Gesichtlesens.

Dein Gesicht sagt dir alles über dein Selbst und über den Plan deines Selbst für dieses Leben.

„Es steht dir auf die Stirn geschrieben." oder „Ich sehe es dir an der Nasenspitze an." oder „Dein Gesicht spricht Bände." sind alte Weisheiten des Gesichtlesens. Die vielfältigsten Techniken des Gesichtlesens, aus unterschiedlichen Kulturen, werden seit Jahrtausenden rund um den Globus praktiziert. Was die Meister des Gesichtlesens in China bereits vor 4000 Jahren wussten, wird heute durch die Wissenschaft nicht nur erforscht und bestätigt, sondern auch bereits an einigen Universitäten gelehrt. Mein Gesicht gibt über seine Form, seine Linien und Färbungen Auskunft über meine Persönlichkeit und über meine Talente. Es spiegelt mein Befinden wider, denn auch Krankheiten und meine Ernährung zeichnen sich in meinem Gesicht ab.

Unser Gesicht offenbart somit alles über uns. Auch oder gerade das, was uns oft gar nicht bewusst ist. Auch unsere Lebensaufgabe. Dieses Wissen versetzt uns in die Lage, uns selbst und andere Menschen mit Klarheit und mit mehr Verständnis zu sehen. Und Klarheit befreit.

Auch die meisten spirituellen Seminare motivieren nur kurzzeitig und bilden hier keine Ausnahme. Auch hier wird oft motiviert nach dem Motto: „Nun waren wir einmal alle gemeinsam in dieser hohen Schwingung und es ist alles aktiviert, transformiert, losgelassen, abgelöst." Und doch stellst du kurze Zeit danach fest, dass es nicht so ist? Hier fehlt die Annahme! **Alles, was ich wegmachen will, egal welch schönen Namen ich dem gebe, verstärke ich. Ich ermächtige es dadurch, geradezu noch mächtiger zu werden.**

Auch die Kunst der Manifestation bildet keine Ausnahme. Wenn ich etwas manifestieren will, bedeutet dies wiederum, ich bin nicht in der Annahme und wünsche mir etwas anderes. **Wenn ich dem Plan der Seele folge und meinem Selbst die Führung übergebe, habe ich keine Verwendung mehr für das Manifestieren.** Wenn ich dankbar annehme, was ist, verspüre ich keinen Wunsch mehr, etwas anderes zu manifestieren. Bin ich hingegen im Widerstand und manifestiere mir etwas, was nicht im Einklang mit dem Plan meiner Seele ist, so korrigiert die Seele das ohnehin wieder. Diese Kurskorrekturen können, je nach Planabweichung, dann als sehr heftig empfunden werden. Übergebe ich stattdessen die Führung bewusst meinem Selbst, führt mich meine Seele auf den Weg der Freude.

Des Rätsels Lösung ist ganz einfach, aber nicht immer leicht und will geübt sein.

Hör also besser auf, irgendetwas wegmachen, weghaben oder manifestieren zu wollen und übe dich stattdessen in der Annahme! **Die Annahme ist dein Quantensprung in die allerhöchste Schwingung.** Die Annahme ist ganz entscheidend, denn mit der Annahme nimmst du dein Selbst an und damit, dass du alles, was sich dir zeigt, alles, wie du es siehst, deine Realität, selbst erschaffen hast. Du erkennst damit an, dass du schon immer mächtiger Schöpfer warst. Wenn dir deine Realität, die du jetzt siehst, nicht gefällt, dann hast du sie unbewusst erschaffen. Dir dessen bewusst zu sein und dies anzunehmen ist ein wichtiger Schritt, um etwas ändern zu können. Dies bedeutet nicht, dass es so bleiben muss. Es bedeutet nur, dass du mit der Annahme auch die Verantwortung übernimmst. Denn Schöpfer schieben keine Verantwortung ab. Schöpfer sind immer in der Annahme, da sie sich immer bewusst sind, dass sie alles selbst erschaffen.

Wirklich wichtig ist, dass du weißt, wie dir diese Annahme gelingen kann.

Die wahre Motivation ist die INSPIRATION!

Die wahre Transformation ist die ANNAHME!

Mein gesamtes Angebot ist darauf ausgerichtet, dir das Tor in die allerhöchste Schwingung zu öffnen und es auch offenzuhalten. Wir finden heraus, was deine verborgenen Potenziale sind und was dich inspiriert. Dies ist dein Weg der Freude. **Der Weg ist das Ziel. Daher sollte er leicht sein und Freude bereiten. Hierbei ist die Annahme unser wichtigstes Hilfsmittel. Die Annahme gelingt uns nur, wenn wir auch ganzheitlich in Balance sind, also in Ordnung sind. Dies erfolgt über das Erkennen unseres Selbst**, über die Ausbalancierung unserer Chakren, über liebevolle Gedanken, über hochschwingende Emotionen, über eine ganzheitliche, vorbeugende Regeneration, über einen hohen Sauerstoffgehalt in unseren Zellen, über eine lichtvolle, auf unser Selbst abgestimmte Ernährung und über hochschwingendes Quellwasser. Das Leben ist ein unteilbares Ganzes, wir können hier keinen Bereich ausklammern, denn alles wirkt sich auf alles aus.

Alles ist Schwingung

Alle Gefühle, die der Liebe entspringen, wie die Freude, die Leichtigkeit, die Glückseligkeit, die Güte, die Freiheit, die Wahrhaftigkeit, die Annahme, die Dankbarkeit, sind hochschwingend.

Der direkteste Weg in diese hohe Schwingung ist, dich als dein Selbst zu erkennen. Dies erfolgt über eine Reise der Seele oder über das *Selbst = Bewusstes-Sein-Training*.

Eine Reise der Seele ist sicher das Eindrücklichste, was man in Hypnose erleben kann. Hier reisen wir über andere Leben bis ins Seelenleben, wo wir liebevoll empfangen werden. Hier können wir nicht nur alle unsere Fragen stellen, hier erfolgt **Heilung auf Seelenebene.** Wir erhalten Hilfen und können durch Bewusstwerdung **auf unsere Ressourcen zurückgreifen.** Hier kann uns unser Seelenführer zu unseren verborgenen Potenzialen führen. Hier können wir auch mit allen Seelen – jetzt inkarniert oder nicht – in Kontakt kommen und nach Seelenverträgen und dem Plan unserer Seele fragen.

Alle Fragen sind möglich. Keine Frage ist zu klein, keine zu groß.

Wenn wir durch eine Reise der Seele in der Dimension des Bewussten Seins – von unserem Selbst – den Grund unserer Inkarnation (Lebensaufgabe) erfahren haben, verstehen wir nicht nur, wo unsere Herausforderungen und Wachstumschancen tatsächlich liegen, sondern erfahren dadurch auch, weshalb wir diese Lebensaufgabe so gewählt haben und erhalten hierzu Hilfen, diese zu meistern.

Das *Selbst = Bewusstes-Sein-Training* ist hingegen ein rein meditatives Training und die Essenz und praktische Umsetzung meiner Selbstliebe Schulung aus meiner Holistic-Coaching-Seminarreihe. Da es nicht auf hypnotische Techniken zurückgreift, müssen die Ausschlusskriterien der Hypnose auch nicht beachtet werden. Dies ist dein Quantensprung und die höchste Form des schöpferischen BEWUSSTEN SEINS. Der entscheidende Schritt in deiner individuellen Entwicklung.

Es ist deine Erinnerung, deine natürliche Fähigkeit, Dinge im Geiste zu erschaffen, zu verändern oder beliebig Ereignisse, Lebensumstände, Situationen und Zufälle in Erscheinung zu rufen. Zu leben als DER, der du wirklich bist, so wie du von der Schöpfung gedacht bist. Dies ist dein Weg vom Opfer zum Schöpfer – BEWUSSTES SEIN.

Auf Seelenebene und in der Quelle können wir die Annahme erfahren. Über die Annahme und diese allerhöchste Schwingung, in die wir uns begeben, geschieht ganz von SELBST Neuordnung, was eine Neuschöpfung bewirkt und somit eine neue hochschwingende Realität verwirklicht. Dies geschieht absichtslos und somit zum Wohle deines SELBST und zum Wohle des ALL-EINS-SEINS, zum Wohle des ALL-EINEN. Wir nennen dies „das innewohnende Ideal". Es ist stimmig und stimmt dann immer für alle. Somit wird mit dieser absichtslosen Neuschöpfung in dieser allerhöchsten Schwingung keiner bevorzugt oder benachteiligt. Es geschieht vielmehr im Einklang mit dem Gesamtseelenplan, also dem Plan aller Seelen.

Du bist der Schöpfer deines einzigartigen, wundervollen Lebens!

BEWUSSTES SEIN ERSCHAFFT REALITÄT

Bist du bereit zum Quantensprung?

KAPITEL 5

BIST DU BEREIT ZUM QUANTENSPRUNG?

„Opfer machen keine Quantensprünge.
Übernimm deine Schöpfermacht
und Quantensprünge sind möglich."
Christiana Schweizer

OPFER ODER SCHÖPFER?

Triff die eine, alles entscheidende Entscheidung!

WER WILLST DU SEIN?

Dies ist keine Frage, sondern eine Wahl!

Frage dich niemals, wie! Sei einfach bereit.

So einfach ist das, fragst du dich jetzt sicher. Ja, so einfach ist das. Aber nicht immer leicht und will geübt sein.

Zerbrich dir jetzt nicht den Kopf, wie das gehen könnte. Das wirkt nicht! Kopfzerbrechen führt in eine Abwärtsspirale und niemals zum Ziel. Denn die Abwärtsspirale führt uns in die niederen Schwingungen. Die Seele hingegen wohnt in unserem Herzen und ist hochschwingend, was eine Aufwärtsspirale erzeugt, eben den Gegenpol. Diese höchste Schwingung ist das, was wirklich wirkt. Dieses Kapitel hatten wir schon. Das, was wirklich wirkt, ist, dem Plan der Seele, deinem Seelenplan, zu folgen. Dies geschieht dann im Einklang mit dem Gesamtseelenplan, zum Wohle aller Seelen. Wir nennen dies auch Selbstverwirklichung. Dies ist der Weg der Freude.

Wenn ich meine Schöpfermacht wieder übernehmen will, führt kein Weg daran vorbei, meinem Selbst, der Seele, wieder die Führung zu übergeben. Denn die Seele ist der Oberbefehlshaber dieser Inkarnation und hat diese Inkarnation geplant. Sie kennt den Plan nicht nur, sie ist auch die einzige Instanz, die diesen Plan ändern kann, eben der Oberbefehlshaber.

Wie bitte? Wer soll denn nun die Wahl treffen? Wer soll der Seele die Führung übergeben?

Ganz einfach. Das Ego-Ich. Ja genau, du hast richtig gelesen. Das Ego-Ich, unser Verstand, darf und soll wählen, denn der Verstand soll nicht ausgeschlossen, sondern mitgenommen werden. Die Seele selbst hat ja schon längst gewählt, indem sie diese Inkarnation geplant hat. Und so gibt sie dem Ego-Ich auch immer Hinweise, wenn sich dieses zu weit vom Plan entfernt.

Wenn die Seele der Oberbefehlshaber ist und diese Inkarnation geplant hat, weshalb zwingt sie das Ego-Ich dann nicht auf den Plan zurück?

Wir sind Schöpfer und haben einen freien Willen. Dieser wird respektiert. Dennoch verfolgt die Seele den Seelenplan. So „zwingt" sie uns auch in gewisser Weise, eben mit ihren Mitteln. Dies sind dann die Widerstände, die sie uns sendet, die Kurskorrekturen bewirken sollen. Wenn die Seele genügend der *nicht* lichtvollen Erfahrungen mit diesem Körper erfahren hat, dann sendet sie uns Signale, um uns wieder zu unserem Selbst zurückzuführen. Zunächst vielleicht ganz leise und kaum wahrnehmbar. Wenn diese sanften Signale jedoch zu oft übergangen werden, wird sie immer deutlicher. So greift sie auch zu Botschaften wie Trennungen, Verlusten, Krankheiten oder Unfällen. In einigen Fällen, wo sich das Ego-Ich gänzlich verschlossen hält, kann es vorkommen, dass die Seele sich letztlich entscheidet, diesen Körper nicht mehr zu beseelen. Wenn es für die Seele aussichtslos erscheint, dass das Ego noch ihrem Plan folgt, streift die Seele den Körper einfach ab, wie ein Kleidungsstück, das sie nicht mehr braucht. Wir nennen dies Tod. Tatsächlich ändert die Seele einfach nur die Form, befreit sich von dem sehr einengenden Kleidungsstück, genannt Körper, und kehrt in ihre Ursprungsform zurück.

Die erste und wichtigste Sprache der Seele ist deine Intuition. Deine Intuition, dein erstes Bauchgefühl, kommt immer von deiner Seele.

Wer kennt nicht diese Situation? Das Bauchgefühl war da, sogar ganz deutlich, doch der Verstand schaltet sich ein und zerhackt es regelrecht, bis nichts mehr davon übrig ist. Du folgst deinem Verstand, dem Zerhacker, um dann später festzustellen, es wäre besser gewesen, deiner Intuition, deiner Seele, zu folgen.

Handeln, bevor wir denken, ist das Ziel!

Bei dieser Aussage wird bei den meisten von uns der Verstand rebellieren. Schließlich ist er ja für das Denken da. Genauso wurden wir von klein auf trainiert, um nicht zu sagen konditioniert. Das intuitive Handeln, das von der Seele kommt und für ein Kleinkind noch selbstverständlich ist, wurde uns regelrecht abtrainiert. Stattdessen wurde bei den meisten von uns der Verstand trainiert. Insbesondere Zahlen, Daten und Fakten, die linke Gehirnhälfte, wird spätestens ab der Einschulung übertrainiert und die rechte Gehirnhälfte, die für das Emotionale und Künstlerische steht, wird stark vernachlässigt und verkümmert. Wir geraten so nach und nach, immer stärker aus dem Gleichgewicht und trainieren uns unsere natürliche Fähigkeit des intuitiven Handelns nahezu gänzlich ab. Jetzt soll der Verstand plötzlich beiseitetreten und seine Führung wieder abgeben.

Wieso soll er etwas tun, das er nicht versteht? Denn er ist ja für das Verstehen da. Da es seine Entscheidung ist und er ja wählen darf, ist es doch nur natürlich, dass er das verteidigt, was er versteht und für richtig hält. Es ergibt für ihn keinen Sinn, beiseitezutreten.

Wenn du diese Zeilen liest, genügt dies deinem Verstand sehr wahrscheinlich nicht, um einfach einmal so beiseitezutreten und deinem Selbst die Führung zu übergeben. Er liest diese Zeilen und denkt sich: „Ja, ja, das wäre ja ganz nett und wo ist der Beweis dafür?" Ihm fehlt das Verständnis, da er es nicht erfahren hat. Ihm fehlt also die Erfahrung, wie schön und erleichternd es auch für ihn sein kann, wenn er die Führung an sein Selbst abgibt.

Wie schön und befreiend es sein kann, wenn der Oberbefehlshaber wieder die Führung hat und nicht mehr den Kurs korrigieren muss und sich damit Widerstände auflösen.

Wie schön und leicht dein Leben sein kann, wenn das Ego-Ich mit dem Ich-Selbst eine harmonische Symbiose eingeht und beide zielgerichtet ihre Kräfte nicht nur vereinen, sondern sich diese durch ein gemeinsames Ziel noch potenzieren und hierdurch ungeahnte Talente und Kräfte freigesetzt werden.

Wie schön es sein kann, wenn keine Energien mehr für Gegenmaßnahmen vergeudet werden und stattdessen auf das gemeinsame Ziel ausgerichtet werden.

Wie schön es ist, diesen Weg gemeinsam beschreiten zu dürfen, ohne Widerstände, in Freude und mit Leichtigkeit …

Selbst der Verstand fängt an dieser Stelle an zu erahnen und sich vorzustellen, wie schön dies sein könnte. Dies ist ein wichtiger erster Schritt. Denn damit steigen die Neugierde und die Bereitschaft, sich auf etwas Neues, noch Unbekanntes einzulassen.

Wieso nicht ein Experiment starten und ab sofort eine Woche lang nur auf das erste Bauchgefühl hören und ihm auch folgen? Ganz egal wie verrückt dies erscheinen mag!

Gerade dann, wenn es verrückt erscheint, birgt dies ein großes Potenzial für Veränderung. Denn wenn wir immer mehr vom Selben machen, können wir kaum eine Veränderung erwarten. **Die bewusste Veränderung, unsere neue Realität, erschaffen wir uns, wenn das Ego-Ich mit dem Ich-Selbst ganz bewusst Hand in Hand geht und sich so beide einigen, sich auf ein gemeinsames Ziel auszurichten.**

Dazu muss das Ego-Ich nicht alle Stationen und auch nicht alle Begebenheiten der Wege kennen. Es muss nicht die Wege selbst kennen.

Es genügt, wenn das Ego-Ich weiß, dass nichts geschieht, was die Seele nicht so geplant hat, und dass alles einer bestimmten Erfahrung und Erkenntnis dient. Zugegeben, dem Ego-Ich wird hier einiges abverlangt. Es soll zurücktreten und vertrauen. Gerade dann, wenn es ihm nicht gefällt, wird ihm ein Höchstmaß an Vertrauen abverlangt. Es sind jedoch genau diese Situationen, die uns nicht gefallen, die das meiste Wachstumspotenzial bieten, sofern wir nicht in den Widerstand gehen. Denn genau diese Situationen zeigen uns auf, wo wir noch nicht in der Annahme sind. **Annahme ist Liebe und Liebe ist der Weg der Seele.** Liebe ist die Essenz dessen, was die Seele ausmacht. Daher führt sie uns so lange immer wieder in Situationen, die uns die Möglichkeit der Annahme bieten, bis alles letztlich vollständig angenommen ist.

Wenn das Ego-Ich der Seele, dem Ich-Selbst, die Führung übergibt, bedeutet dies nicht, dass schlagartig alle Erfahrungen aufhören. Es geht vielmehr darum, die Erfahrungen bewusst zu machen und diese als Chance zu begreifen, sich immer wieder in der Annahme zu üben.

Diesen Weg gehen wir letztlich alle. Irgendwann führte mich mein Selbst in eine Situation, die jeder als Entwürdigung bezeichnen würde. Als ich mich in dieser Situation befand, empfand ich dies jedoch nicht so. Ich wusste, dies hatte nichts mit mir zu tun und ich ging nicht mehr damit in Resonanz. Dies zu erkennen, war eine wunderschöne Erfahrung, die mich in noch höhere Schwingungen brachte. Ich empfand in diesem Moment tiefe Dankbarkeit und Glückseligkeit. Dies ist Annahme.

Wir erhalten also immer wieder Gelegenheiten und werden von unserer Seele in Situationen geführt, die uns die Möglichkeit bieten, uns in der Annahme zu üben.

Diese Annahme führt uns in jene allerhöchste Schwingung, wo Schöpfung geschieht. Denn es genügt nicht, dass das Ego dem Selbst die Führung übergibt. Dies ist nur der erste bewusste Schritt. Um neu schöpfen zu können und eine neue Realität zu erschaffen, muss ich mich auch in diese allerhöchste Schwingung begeben und dies möglichst oft, idealerweise dauerhaft. Ich sollte also lernen, in dieser allerhöchsten Schwingung zu verweilen, irgendwann möglichst gar nicht mehr aus ihr herauszufallen. **Diese allerhöchste Schwingung gleicht einer Meditation, die durchaus auch bewegt sein kann. Ab und zu in dieser Meditation zu sein ist ganz nett, jedoch nicht das Endziel. Wenn uns unsere Seele zu unserem Selbst zurückruft, ist es ihr Ziel, uns in ein Leben in ständiger Meditation zu führen.**

Um in diese Annahme und in diese allerhöchste Schwingung zu gelangen, gilt es, zu beachten, was dich vielleicht noch daran hindern könnte. Was bringt dich in niedere Schwingungen? Was zieht dich „runter"? Was raubt dir Kraft? Was blockiert dich? Was beschwert dich? Was bremst dich? Was hält dich klein? Wer oder was hält dich in der Angst?

Wo und weshalb lässt du dir noch Energie rauben?

Klein zu denken ist eine Opferhaltung und kostet wesentlich mehr Energie, als groß zu denken!

Mache dir dies bewusst und denke groß!

Schöpfer denken groß!

Triff also die eine Entscheidung, die alles ändert!

**Wer willst du sein? Opfer oder Schöpfer?
Wer führt dein Leben? Ego-Ich oder Ich-Selbst?
Schöpfer sind keine Opfer!**

Befreie dich von allem, was dich kleinhält!

Befreie dich von allem, was dir Energie raubt!
Befreie dich von allem, was dich beschwert!
Befreie dich von allem, was dich blockiert!
Befreie dich von allem, was dich bremst!
Denn Schöpfer sind nicht aufzuhalten und lassen sich nicht
ihre Energie rauben und schon gar nicht ausbremsen!
Vertraue deinem Selbst, deiner Seele!

Übe dich in der Annahme!

Die Annahme führt dich in die allerhöchste Schwingung!

Diese allerhöchste Schwingung ist Bewusstes Sein.

BEWUSSTES SEIN ERSCHAFFT REALITÄT

KAPITEL 6

SO SEI ES!

„In Wirklichkeit bin ich
nichts Anderes als Zeuge!
Nichts kann mich von außen berühren."

Swami Vivekananda

AMEN!

Bitte und danke, dass du erhalten hast!

Weshalb es wichtig ist, sich nichts zu wünschen, wiederhole ich immer wieder, da es so wichtig ist! Ein Wunsch kommt immer aus dem Ego-Ich, da es nicht in der Annahme ist und sich eine andere Realität wünscht. **Das Selbst hat keine Wünsche. ES IST.** Das Selbst erschafft bewusst und ist sich somit auch bewusst, dass es selbst alles erschaffen hat. So nimmt es alles an, was es erschaffen hat, da ja alles die eigene Schöpfung ist. Weshalb sollte es etwas ablehnen, das es selbst bewusst erschaffen hat? Es ist sich immer im Klaren, dass es mächtiger Schöpfer ist und jederzeit neu erschaffen kann. Dies braucht keine Zeit und geschieht immer jetzt.

Hör also auf, dir etwas zu wünschen, denn es entfernt dich von deinem Wunsch!

Bitte stattdessen dein Selbst um Führung und danke gleichsam deinem Selbst für diese Führung in der Gewissheit, dass es keine Zeit gibt und du sie bereits erhalten hast. AMEN! Amen kommt aus dem Hebräischen und bedeutet „So sei es!" oder „So möge es geschehen!". Dies ist ALLES, worauf dein Selbst wartet! Es wartet darauf, dass du es bittest, dich führen zu dürfen. Denn die geistige Welt wird nicht einschreiten, wird sich nicht einmischen, wird nicht helfen, wenn du sie nicht darum bittest. Die Schöpfung selbst hat dich nach seinem Ebenbild als mächtigen Schöpfer erschaffen und wird sich nicht in deine Schöpfungen einmischen und dir nur dann Hilfe gewähren und dich führen, wenn du deine Bereitschaft signalisierst, dich führen zu lassen, indem du dein Selbst darum bittest.

Wie bitte? Ich soll mir nichts wünschen und nun doch um etwas bitten? Wo ist denn da der Unterschied?

Es ist die Art und Weise, wie du bittest, denn es geschieht dir immer nach deinem Glauben!

Wenn du aus einer Opferhaltung heraus oder aus einem Mangelbewusstsein heraus um etwas bittest, so bedeutet dies, dass du dir etwas wünschst, wovon du unterbewusst glaubst und zutiefst überzeugt bist, es nicht zu haben. Es geschieht dir immer nach deinem Glauben! Da du auch unterbewusst mächtiger Schöpfer bist – es dir nur (noch) nicht bewusst gemacht hast – liefert dir das Universum genau das Gegenteil dessen, was du dir wünschst, nämlich das, was du unterbewusst glaubst.

Wenn du aussendest „Ich habe nicht!" liefert dir das Universum noch mehr vom Selben. Noch mehr „ICH HABE NICHT!"

Wenn du hingegen aus einem Schöpferbewusstsein heraus um Führung bittest und gleichsam auch dafür dankst und glaubst und zutiefst davon überzeugt bist, dass du bereits erhalten hast, liefert dir das Universum genau das.

Wenn du aussendest „Ich bitte und danke dafür, und glaube zutiefst, dass ich habe!" liefert dir das Universum noch mehr vom Selben. Noch mehr „ICH HABE!".

Wenn du dieses Prinzip verstanden hast, so verstehst du auch, weshalb das Ego-Ich das Selbst nicht austricksen kann, indem es nur „scheinbar" die Führung übergibt und als Ego-Ich das Selbst „spielt", um etwas zu erhalten. Hier versucht das Ego, zu manipulieren, da es aus der Angst heraus glaubt „Ich habe nicht!".

Es ist sehr wichtig, darauf zu achten, aus welchem Bewusstsein heraus du um etwas bittest. Dies entscheidet darüber, ob du hast oder nicht hast!

Wenn das Ego-Ich das Selbst spielt und nicht um Führung bittet, demnach zutiefst und unbewusst nicht glaubt, dass es erhalten hat, so wird die geistige Welt auch nicht einschreiten, um zu helfen, da sie ja nicht gebeten wurde, dies zu tun. Im Umkehrschluss wird uns die geistige Welt nur helfen, wenn wir sie darum bitten und ihr die Führung übergeben.

Wenn das Ego-Ich das Selbst spielt, so geschieht dies immer noch aus einer Angst heraus. Es ist zwar der Wunsch schon da, etwas verändern zu wollen, die Angst verhindert jedoch die Umsetzung.

Wenn das Ego-Ich das Selbst spielt, hat das Ego auch verstanden, dass es besser wäre, dem Selbst die Führung zu übergeben, weiß jedoch noch nicht, wie es dies umsetzen kann und/oder die Glaubenssätze sind noch übermächtig groß und die inneren Widerstände blockieren es regelrecht.

Wenn das Ego-Ich das Selbst spielt, so geschieht dies ohne Liebe, denn das Ego lebt in der Angst und die Angst ist der direkte Gegenpol der Liebe. In dieser Angst steckt jedoch auch die Chance, wieder in die Liebe zu gelangen, denn die Angst ist ja nichts anderes als ein Ruf nach Liebe.

Das Ego-Ich, die Angst, glaubt sich selbst vom Selbst abgespalten und getrennt zu haben, fühlt sich einsam und verlassen. Es lebt in dieser selbst gewählten Trennung und ruft nach der Liebe im Außen. Es ruft nach der Liebe, der EINHEIT. Ihm ist nicht bewusst, dass es sich „nur" wieder verbinden muss und somit die Trennung und damit all seine Probleme und Widerstände aufhören. Dazu muss es jedoch selbst eine Entscheidung treffen und bewusst wählen, wer es sein will und wer fort an die Führung hat.

Das Ego-Ich führt sein Leben ohne Liebe aus der Angst heraus.

Das Selbst ist Liebe.

Dein Selbst, das immer da ist, immer da war und immer da sein wird, wartet geduldig darauf, dass du ihm die Führung übergibst.

Dein Selbst war, ist und wird sich niemals von dir trennen. Dein Selbst wendet sich nicht ab, denn du bist ein Teil des Ganzen, ohne welches die Schöpfung nicht ganz wäre. Die Schöpfung vergisst niemanden. Jeder Einzelne gehört dazu und ist wichtig!

Wenn du dein Selbst nicht wahrnehmen kannst, dann nur, weil du zutiefst glaubst, dich getrennt, sozusagen abgespalten, zu haben.

Dies bedeutet, dass du selbst es bist, der sich verschließt und nicht offen ist, um Botschaften und Hilfen zu erhalten. Folglich kannst auch nur du selbst dich wieder öffnen. Dies ist deine Entscheidung!

Die geistige Welt wartet darauf und ist immer bereit, dich zu unterstützen, sofern du dich wieder öffnest, zuhörst und auch um Hilfen und Führung bittest.

Hierzu sendet dir deine Seele Impulse, Botschaften und Boten, die diese Botschaften überbringen. Die erste Kommunikationswahl der Seele ist immer deine Intuition, dein erstes Bauchgefühl. Wenn du deine Intuition stetig übergehst, greift sie zu anderen Mitteln. Dies sind dann alle Arten von Widerständen, innen wie außen.

Je stärker du in der Dissoziation, also in der Abspaltung, bist, bzw. glaubst getrennt zu sein, desto größer sind die Widerstände und umso holpriger ist dein Weg. Dies ist der schwere Weg des Ego-Ichs.

Tatsächlich ist diese Trennung jedoch nie geschehen und nur eine Illusion. Es genügt, wenn du dir dies wieder bewusst machst, indem du dich erinnerst, wer du wirklich bist, und die Entscheidung triffst, dich wieder zu verbinden und die Führung deinem Selbst, deiner Seele, zu übergeben. Dem Oberbefehlshaber, der den Plan für dieses Leben nicht nur kennt, sondern diesen auch geplant hat.

Und wohin könnte dich dein Selbst wohl führen, wenn es doch die Liebe ist und nur die Liebe kennt? Dein Selbst hat der Illusion deiner Trennung und all den illusionären Folgen deiner Trennung nie eine Bedeutung beigemessen. Für dein Selbst ist dies nie geschehen, nur ein Traum, aus dem es dich erwecken will, damit du erkennst, dass auch du mächtiger Schöpfer bist und in Liebe und mit der Liebe freudvoll fort an deinen Weg gehen kannst. „Wach auf!", ruft es dir zu, immer lauter, wenn du es überhörst …

OHNE LIEBE

Pflichtbewusstsein **ohne Liebe** macht verdrießlich.

Verantwortung **ohne Liebe** macht rücksichtslos.

Gerechtigkeit **ohne Liebe** macht hart.

Wahrhaftigkeit **ohne Liebe** macht kritiksüchtig.

Klugheit **ohne Liebe** macht betrügerisch.

Freundlichkeit **ohne Liebe** macht heuchlerisch.

Ordnung **ohne Liebe** macht kleinlich.

Sachkenntnis **ohne Liebe** macht rechthaberisch.

Macht **ohne Liebe** macht grausam.

Ehre **ohne Liebe** macht hochmütig.

Besitz **ohne Liebe** macht geizig.

Glaube **ohne Liebe** macht fanatisch.

Laotse

MIT LIEBE

Pflichtbewusstsein **mit Liebe** macht freudvoll.

Verantwortung **mit Liebe** macht rücksichtsvoll.

Gerechtigkeit **mit Liebe** macht verständnisvoll.

Wahrhaftigkeit **mit Liebe** macht authentisch.

Klugheit **mit Liebe** macht ehrlich.

Freundlichkeit **mit Liebe** macht herzlich.

Ordnung **mit Liebe** heilt.

Sachkenntnis **mit Liebe** macht offen.

Macht **mit Liebe** macht mitfühlend.

Ehre **mit Liebe** macht demütig.

Besitz **mit Liebe** macht großzügig.

Glaube **mit Liebe** nimmt (alles/jeden) an.

Christiana Schweizer

Du willst Veränderung?

Du hast es satt, dass sich in deinem Leben ständig Ängste, Widerstände und Blockaden zeigen?

Du möchtest gerne etwas ändern und suchst nun einen Weg?

Ich habe dir in diesem Buch das Grundlegendste erklärt, was es zu beachten gilt. Der Weg ist einfach, jedoch nicht immer leicht und will geübt sein. Daher findest du im letzten Kapitel auch viele Übungen, mit denen du gleich beginnen kannst, denn das Wichtigste ist deine Entscheidung.

Es ist deine Wahl. Wer willst du SEIN? Hier geht es um eine bewusste Entscheidung, fort an wieder als Bewusstes Sein deinen Weg zu beschreiten. Denn Bewusstes Sein erschafft Realität, nicht umgekehrt!

Erst SEIN, dann HABEN!

BEWUSSTES SEIN IST UND HAT ALLES IN SICH SELBST!

BEWUSSTES SEIN ERSCHAFFT REALITÄT

Bist du bereit zum Quantensprung?

L(I)EBE IST DEINE ENTSCHEIDUNG!

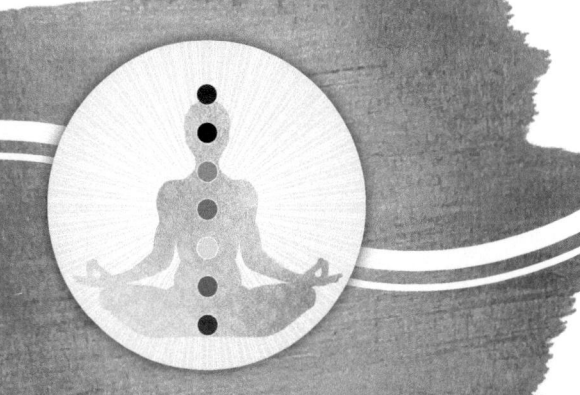

KAPITEL 7

DIE UMSETZUNG
IM ALLTAG

„Ab und zu einmal in Meditation
zu sein, ist nicht das Ziel.
Lass stattdessen dein Leben zu
einer ständigen Meditation werden."
Christiana Schweizer

WOMIT BEGINNEN?

Du erhältst nachfolgend viele wertvolle Hilfen für die einfache Umsetzung im Alltag. Ich erkläre dir Schritt für Schritt, womit du beginnen kannst. Es werden sich viele einfache kleine Schritte aneinanderreihen, die irgendwann in der Summe einen riesengroßen Schritt, deinen Quantensprung, ergeben werden.

Lass dein Leben zu einer ständigen Meditation werden!

Wenn dich deine Seele wieder zu sich zurückruft – und du kannst sicher sein, dass sie das tut, da sie dich zu mir geführt hat – dann ist dies ein Weg der Freude und Leichtigkeit. Dann bedeutet dies, dass dein Selbst wieder wirken will. Dies ist die wahre Selbstverwirklichung.

Wo bist du in der Freude und Leichtigkeit?

So ist es dem Plan der Seele sehr dienlich, dir bewusst zu machen, was dir wirklich guttut. Wie viel Zeit verbringst du mit Menschen, in Situationen, an Orten, die dir guttun? Hierzu ist es dienlich, dir dies zu notieren und es dir so auch bildhaft bewusst zu machen.

Wie viel Zeit verbringst du am Tag mit Menschen, die dir guttun? Es ist völlig egal, aus welchem Bereich deines Lebens diese Menschen stammen. **Es ist nur wichtig, dir bewusst zu machen, ob sie dir mehr guttun oder ob sie dir mehr *nicht* guttun.**

Wie viel Zeit verbringst du an Orten, die dir guttun?

Wie viel Zeit verbringst du mit Aktivitäten, die dir guttun?

Wer und was tut dir gut?

Mit welchen Menschen verbringst du die meiste Zeit in Stunden pro Woche?

Ordne dies von 1–10, rein nach der Stundenanzahl. Es ist völlig egal, aus welchem Bereich diese Menschen kommen. Ob Beruf, Familie oder Freundeskreis, alle Kontakte zählen dazu. Mit 1 verbringst du die meiste Zeit, mit 10 am wenigsten.

Dann notiere dir, ob dir dieser Mensch oder diese Gruppe Energie gibt oder Energie raubt. Prüfe also für dich, ob es dir mehr guttut oder mehr *nicht* guttut.

	Personen und Gruppen	gibt Energie	raubt Energie
1			
2			
3			
4			
5			
6			
7			
8			
9			
10			

Aktivitäten

Mit welchen Aktivitäten verbringst du die meiste Zeit in Stunden pro Woche?

Ordne dies von 1 – 10, rein nach der Stundenanzahl. Es ist völlig egal, aus welchem Bereich diese Aktivitäten kommen. Alle Aktivitäten zählen dazu. Mit 1 verbringst du die meiste Zeit, mit 10 am wenigsten.

Dann notiere dir, ob dir diese Aktivität Energie gibt oder Energie raubt. Prüfe also für dich, ob es dir mehr guttut oder mehr *nicht* guttut.

	Aktivitäten	gibt Energie	raubt Energie
1			
2			
3			
4			
5			
6			
7			
8			
9			
10			

Orte

An welchen Orten verbringst du die meiste Zeit in Stunden pro Woche? Ordne dies von 1 – 10, rein nach der Stundenanzahl. Mit 1 verbringst du die meiste Zeit, mit 10 am wenigsten. Dann notiere dir, ob dir dieser Ort Energie gibt oder Energie raubt. Prüfe also für dich, ob es dir mehr guttut oder mehr *nicht* guttut.

	Orte	gibt Energie	raubt Energie
1			
2			
3			
4			
5			
6			
7			
8			
9			
10			

Verbringe so wenig wie möglich Zeit mit Menschen, mit Aktivitäten oder an Orten, die dir nicht guttun und dir Kraft rauben. Wenn du es nicht gleich ganz stoppen kannst, dann reduziere es, so gut wie möglich. Wo du es nicht reduzieren oder stoppen kannst, steckt noch ein Geschenk für dich darin. Sehr wahrscheinlich das Geschenk der Annahme. Insbesondere bei Menschen, die uns nicht guttun, ist es sehr hilfreich, diese zu segnen. **Die Kraft des Segnens ist ungeheuer machtvoll, wenn sie absichtslos und aus reinem Herzen kommt.** Dies bedeutet nicht manipulieren zu wollen, sonst verkehrt es sich ins Gegenteil. Dies bedeutet, ich segne einen Menschen, eine

Situation, einen Ort, ohne Erwartungen oder gar Forderungen. Nur so kann der Segen seine volle Kraft entfalten.

Segne und danke für das innewohnende Ideal für alle Beteiligten, so wird für alle Beteiligten das Stimmige eintreten.

Achtung! Dies ist ganz wichtig! **Segne und danke dafür, dass dies so ist!**

Wünsche niemals etwas, das du nicht glauben kannst, schon gar nicht in Form eines Gebetes, denn dies macht den Wunsch noch kraftvoller. Wenn ich mir etwas wünsche, sende ich damit immer die Botschaft aus: „Ich wünsche es, da ich es nicht habe!" Genau dies liefert dir dann das Universum. Weitere Situationen des Nichthabens, damit du weiter wünschen kannst. Dies ist das genaue Gegenteil deines Wunsches.

Segne, bitte und danke gleichsam dafür, dass es so ist. Das, wofür du dankst, musst du auch selbst glauben können! Du kannst nicht dein Selbst austricksen, indem du mit einer Absicht etwas segnest und dafür dankst, damit dann etwas Bestimmtes eintritt. Hier sind wir manipulativ und nicht mehr absichtslos und das funktioniert so nicht. Es geschieht dir immer nach deinem Glauben! Daher wirkt es nur, wenn du wahrhaftig bleibst und es auch wahrhaftig glaubst. Wahrhaftigkeit führt uns letztlich immer ans Ziel.

Der heilsame Gegenpol

Wie wir in den Kapiteln zuvor erfahren haben, gehört Veränderung zum Plan und Weg der Seele unbedingt dazu. Veränderung geschieht, indem wir uns in den Gegenpol dessen, was wir üblicherweise tun, hineinbegeben. Hierzu müssen wir unsere Komfortzone verlassen. Der Gegenpol ist unglaublich heilsam, da er uns wieder in die Mitte bringt, in Balance. Er fügt etwas Fehlendes hinzu und bringt uns so wieder in unser natürliches Gleichgewicht. Franz Mühlbauer beschreibt den heilsamen Gegenpol in seiner Trilogie über Regeneration. Die Trilogie ist 2020 in der SOLEMON EDITION erschienen.

Dieser heilsame Gegenpol kann für jeden etwas Anderes sein. Für mich war es das Fallschirmspringen, da ich Höhenangst hatte. Für dich kann es vielleicht das Tauchen sein, da dies vielleicht dein heilender Gegenpol ist.

Generell gilt, dass in unseren größten Ängsten, also in dem, was wir vermeiden wollen, unser größtes Potenzial, unsere größte Wachstumschance liegt. Und wir wollen ja unser allerhöchstes Potenzial bergen. Mit immer mehr vom Selben wird dies nicht funktionieren. Hierzu müssen wir unsere Komfortzone verlassen.

Was vermeidest du üblicherweise? Was schiebst du vielleicht vor dir her? Was macht dir Angst? Was bereitet dir Unbehagen? Es muss nicht gleich so ein Extrem wie das Fallschirmspringen sein. Wo liegt deine größte Herausforderung?

Dies kann vielleicht auch sein, dass du für dich einstehst und auch einmal „stopp" sagst, denn ein Nein nach außen ist ein Ja zu dir!

Liste des heilsamen Gegenpols

Was vermeidest du? Welcher Gedanke bereitet dir das größte Unbehagen? Was schiebst du vor dir her? Was macht dir Angst? Wo würdest du deine Komfortzone verlassen?

Ordne dies von 1 – 10. Es ist völlig egal, aus welchem Bereich dies kommt. Platz 1 bereitet dir das größte Unbehagen, Platz 10 das geringste. Platz 1 ist somit der größte und heilsamste Gegenpol und bietet dir daher das größte Wachstumspotenzial und die größte Möglichkeit, dich wieder in deine Balance zu bringen.

Hake es als erledigt ab, nachdem du diese Herausforderung bewältigt hast.

	Dein größtes Unbehagen	Offen	Abhaken
1			
2			
3			
4			
5			
6			
7			
8			
9			
10			

Grenzen überschreiten

Grenzen können uns dienen, um uns zu beschützen, sie können uns jedoch auch einengen. Bis zu einem gewissen Punkt sind uns Grenzen also durchaus dienlich. Es gilt, den richtigen Zeitpunkt zu erkennen, wann diese Grenzen uns nicht mehr dienen und beginnen uns einzuengen.

Grenzen schützen uns somit nicht nur, sie engen auch ein und dies bedeutet, unser Bewusstsein ist eng.

Wenn wir sehr weit und rundum blicken können, so, als stünden wir auf dem Gipfel eines Berges, ohne Hindernisse und Grenzen, die die Sicht versperren oder verzerren, schafft dies eine neue, zuvor ungeahnte Weite. Und es entsteht ein freier Raum, Freiraum, den wir für unser Selbst nutzen können.

Die Enge tritt immer weiter zurück und behindert uns immer weniger. Jede Grenze, die wir überschreiten, hilft uns weiter, aus der Enge auszutreten.

Und irgendwann, meist dann, wenn wir nicht mehr daran glauben, stellen wir plötzlich fest … die Grenze hat sich restlos aufgelöst.

So entsteht eine grenzenlose, freie Rundumsicht. In dieser Grenzenlosigkeit ist ALLES enthalten. Alles und jeder hat Raum und darf SEIN. Jegliche Enge hat sich damit aufgelöst.

Um in diese Grenzenlosigkeit zu gelangen, ist es sehr hilfreich, dir bewusst zu machen, welche Begrenzungen du noch hast? Was engt dich ein? Sind dir diese Grenzen noch dienlich?

Die Liste deiner Grenzen

Prüfe nun für dich, wo du noch Grenzen hast. Wenn du dir deine Grenzen notiert hast, dann werde dir bewusst, ob dir diese Grenze noch dient oder ob diese Grenze ausgedient hat und nun vielleicht dein Wachstum verhindert.

Alles, was dich begrenzt, ist eine Grenze. Dies können Personen und Personenkreise, Orte, Arbeitsplätze, Freizeitaktivitäten sein. Alles, was dich eingrenzt, sollte hier Platz finden.

Ordne es wieder von 1–10. Wenn dir die Grenze noch dienlich ist, behalte sie bei, wenn jedoch nicht, ist es an der Zeit, diese Grenze zu überwinden.

	Deine Grenzen	Dienlich	Ausgedient
1			
2			
3			
4			
5			
6			
7			
8			
9			
10			

Liste der Dankbarkeit

Dankbarkeit ist ein reines, unverfälschtes und unmissverständliches Gefühl und führt dich in die allerhöchste Schwingung. Mach dir täglich bewusst, wofür du dankbar bist. Hier lässt sich sicher eine ganze Menge finden.

Zu Beginn hilft es auch hier, wenn du es visualisierst, indem du es aufschreibst. So bringst du den Gedanken gleich zu Papier und du verleihst diesem Gefühl der Dankbarkeit so viel mehr Kraft.

Diese Liste soll dir den Beginn erleichtern, vielleicht legst du dir auch ein schönes Dankbarkeitsbuch an, das du täglich fortführen kannst.

	Wofür ich dankbar bin
1	
2	
3	
4	
5	
6	
7	
8	
9	
10	

Der rote Faden in deinem Leben

Jeder von uns hat einen roten Faden, der sich durch das gesamte Leben zieht. Es kann sehr hilfreich und aufschlussreich sein, sich diesen roten Faden zu verbildlichen. Hierzu blicken wir zunächst auf die drei Hauptkomplexe.

Verkümmerung, Unterdrückung und Beschämung.

Diese 3 Hauptkomplexe führen zur Versteifung.

Es gibt 3 Hauptkomplexe, in die sich alle anderen Komplexe unterordnen lassen. Mit etwas Übung wird dir dies ganz leicht gelingen. Einige Komplexe überschneiden sich und lassen sich in mehr als einen Hauptkomplex unterordnen. Jeder von uns trägt ein wenig dieser 3 Hauptkomplexe, in unterschiedlich starker Ausprägung, in sich. Je nachdem, wie stark der eine oder andere Charakterzug ausgeprägt ist, versteifen wir uns dementsprechend stark darauf, was zu seelischen und körperlichen Beschwerden führt. Wir ziehen uns somit bestimmte Situationen, Menschen wie auch Krankheiten in unser Leben, denn das Außen ist der Spiegel unseres Inneren.

All dies hat den Ursprung in unserer Kindheit. Die Ursachen nahezu aller unserer Leiden finden wir in unserer Kindheit.

Kinder werden vernachlässigt, beschämt, unterdrückt. Sie bekommen keine Liebe, keine Zuneigung, werden alleine gelassen, obwohl sie sich fürchten, ihre Rufe werden überhört, sie werden eingesperrt, sie werden beschuldigt, sie werden geschlagen, sie werden entwürdigt, sie werden gedemütigt …

Dies führt beim Kind zur:

Selbstverkümmerung – die 1. Phase:
Kinder verkümmern seelisch und körperlich und ihre Sinne veröden.
Dies ist der depressive Charakterzug.

Selbstunterdrückung – die 2. Phase:
Die Selbstentfaltung wird dadurch unterdrückt. Dies ist der masochistische oder sadistische Charakterzug.

Selbstbeschämung – die 3. Phase:
Dies führt zu Beschämung in Liebe und Sexualität. Dies ist der hysterische Charakterzug.

Selbstversteifung – die 4. Phase:
Diese ersten 3 Komplexe werden verdrängt.

Wir versteifen uns auf die jeweiligen Charakterzüge, was dann im Außen zu vielfältigen seelischen und körperlichen Beschwerden führt. Je mehr das Kind vernachlässigt, beschämt, unterdrückt wurde, desto größer ist die Versteifung auf die jeweiligen Charakterzüge, desto weiter hat man sich von seiner Persönlichkeit entfernt, umso größer sind die späteren seelischen und körperlichen Beschwerden, bis hin zu psychischen Krankheiten.

Nahezu alle von uns tragen ein wenig von allen 3 Komplexen, in unterschiedlich starker Ausprägung, in unserem Gepäck und haben somit auch die Aufgabe, dies wieder in die Liebe, in die Ordnung, in die Heilung zu bringen. Thomas Zacharias beschreibt dies in dem alten, jedoch zeitlosen und daher nach wie vor gültigen Klassiker „3 Komplexe sind normal" (1986 im Thomas Zacharias Verlag erschienen).

Es ist nun sehr hilfreich, diese 3 Hauptkomplexe zu visualisieren und all unsere Probleme – beginnend in der Kindheit – dort einzuordnen. Einiges lässt sich nicht eindeutig zuordnen und wird sich überschneiden. Lass dir hierfür ruhig tagelang Zeit und notiere dir immer wieder etwas, so wie dir etwas dazu einfällt. Wenn du das Gefühl hast, dass du das Wesentliche notiert hast, dann nimm dir ein neues Blatt, wo du dir bewusst machst und aufschreibst, welche Ereignisse der letzten 3 – 5 Jahre, also der jüngsten Vergangenheit, sich in diese 3 Hauptkategorien einordnen lassen.

Wer waren damals die Darsteller?

Wer sind heute die Darsteller?

So kannst du den roten Faden erkennen, der sich durch dein Leben zieht. Du kannst auch erkennen, welcher Bereich der größte ist, denn dort liegt dein größtes Wachstumspotenzial. Es gilt, diesen Bereich über die Annahme in Balance zu bringen, denn dies ist dein größter Engpass und wenn du diesen auflöst, lösen sich viele kleine Nebenengpässe gleich mit auf. Dies wirkt sich auf alle Ebenen deines Lebens aus und führt dich in höhere Schwingungen.

Die Vergangenheit ab der jüngsten Kindheit

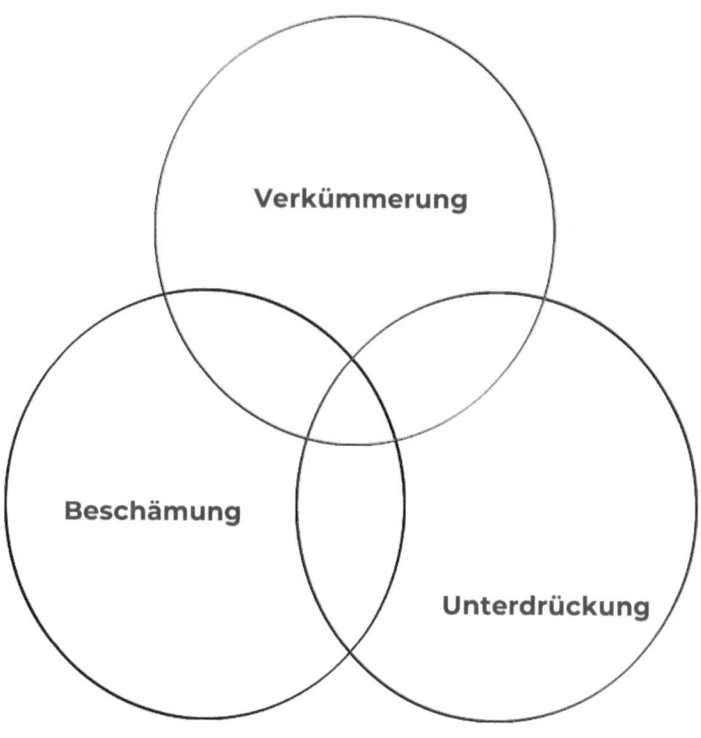

Verkümmerung

Beschämung

Unterdrückung

Die jüngste Vergangenheit (3–5 Jahre)

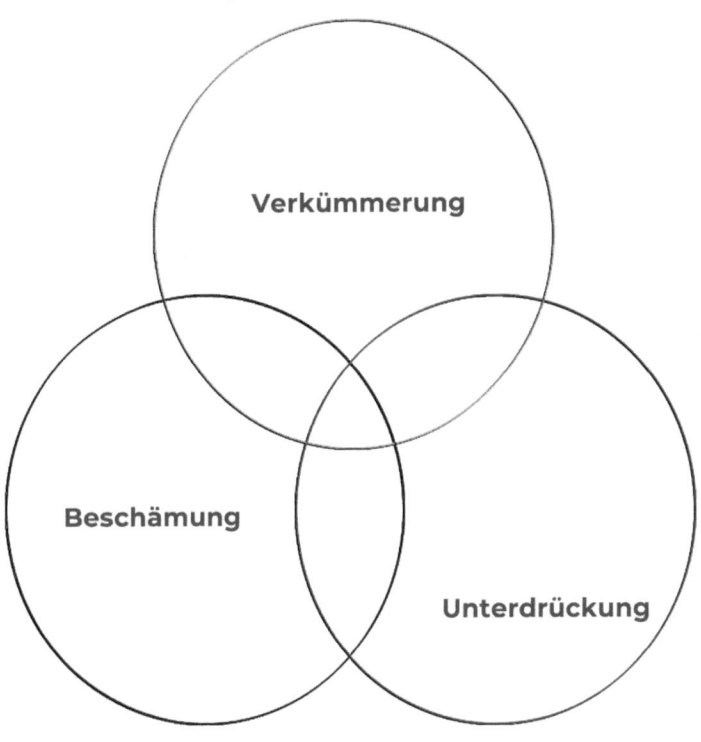

Die Annahme nach P'Taah

In der Annahme nach P'Taah gilt es, jedes negative Gefühl und den dahinterstehenden Gedanken in Liebe da SEIN zu lassen und dadurch anzunehmen.

Da nahezu alle unsere belastenden Gefühle aus der Kindheit stammen, bitten wir unser inneres Kind, uns an die Stelle zu führen, wo dieses Gefühl seinen Ursprung hatte, um es dort an Ort und Stelle, heute als Erwachsene/r, stellvertretend für das Kind von damals anzunehmen.

Das Gefühl – egal wie „negativ" und gewaltig es sich zeigen mag – darf da sein. Wir erlauben ihm, einfach da sein zu dürfen. Wir kommunizieren mit ihm und teilen ihm dies mit. Und noch mehr als das. Wir umarmen es bejahend und liebevoll im Bewusstsein, dass wir es als mächtiger Schöpfer, als Kind selbst erschaffen haben.

Ja, auch als Kinder waren wir bereits mächtige Schöpfer. Wir erschaffen immer, bewusst oder unbewusst. Wir können gar nicht *nicht* erschaffen. Die Frage ist nur, ob wir bewusst oder unbewusst erschaffen. Wenn wir unbewusst erschaffen, hadern wir meist mit unserer eigenen Schöpfung, da diese unseren unterbewussten Glaubenssätzen über uns selbst entspringt. Das, was wir glauben, manifestiert sich, nicht das, was wir uns wünschen, denn ein Wunsch sagt aus: „Ich habe nicht." Was ist dein unbewusster Glaube über dich selbst?

Wenn ein belastendes Gefühl aufkommt, zieh dich an einen stillen Ort zurück, schließe deine Augen und bitte dein inneres Kind, dich an die Ursache zu führen, wo du das Gefühl bejahend annehmen kannst.

Liebe, Freude, Annahme und Wahrhaftigkeit

Diese Grundwerte sind beliebig austauschbar. Eines davon führt dich unweigerlich zu den anderen. Im Umkehrschluss kann eines allein ohne die anderen nicht bestehen.

Wenn ich immer in der Liebe bin und bleibe, führt mich dies selbstverständlich in die Freude, in die Annahme und in die Wahrhaftigkeit.

Wenn ich immer nur das tue, was mir Freude macht, ich in der Freude bin und bleibe, führt mich dies ganz selbstverständlich in die Liebe, in die Annahme und in die Wahrhaftigkeit.

Wenn ich immer wahrhaftig bin und bleibe, tue ich dadurch selbstverständlich das, was mir Freude macht, und dies führt mich in die Liebe und in die Annahme.

Wenn ich immer in der Annahme bin, bin ich wahrhaftig, freudig und in der Liebe.

Diese Grundwerte kannst du also beliebig austauschen. Es ist egal, mit welchem du beginnst. Eines führt dich selbstverständlich zum anderen. Eines ist ohne das andere nicht lebbar.

Diese Grundwerte führen dich auch ganz selbstverständlich in die Leichtigkeit, in die Freiheit und in die Dankbarkeit. Dies sind alles Begleiterscheinungen der gelebten Liebe.

Wo lebst und bist du bereits in der Liebe, in der Freude, in der Annahme, in der Wahrhaftigkeit?

Wo lebst du bereits die Liebe und Annahme?

Die Liebe zu leben bedeutet ganz in der Annahme zu sein. Prüfe für dich, bei allem, was du notierst, ob du hier ganz in der Annahme bist.

Annahme bedeutet, nichts zu erwarten und nichts zu fordern.

Bist du wirklich schon ganz in der Liebe oder gibt es hier noch Wachstumspotenzial? Ordne dies wiederum von 1 – 10. Auf Platz 1 sollte das stehen, wo du denkst, dass es dir schon am besten gelingt. Wo du bereits ganz in der Liebe und Annahme bist. Eine bedingungslose Liebe. Oftmals steht hier die Mutterliebe.

	Hier lebe ich die Liebe	Gut	Ausbaufähig
1			
2			
3			
4			
5			
6			
7			
8			
9			
10			

Wenn du noch irgendwelchen Widerstand verspürst, dann rufe dir in Erinnerung und frage dich:

„Was würde die Liebe jetzt tun?"

Stelle dir diese Frage dann immer dreimal:

1. Wenn mein Gegenüber in der Liebe wäre, könnte er dann so reagieren?

Wenn sich jemand dir gegenüber z. B. gemein, böse oder herablassend benimmt, könnte er sich so verhalten, wenn er ganz in seiner Mitte, in der Liebe wäre?

Sehr wahrscheinlich nicht.

In der Liebe zu SEIN bedeutet, achtsam mit sich und seinem Umfeld umzugehen und den anderen so zu behandeln, wie man selbst gerne behandelt werden möchte.

Was würde die Liebe jetzt tun?

2. Wenn ich in der Liebe bin, lasse ich dann so mit mir umgehen?

Wenn du ganz in deiner Mitte, in der Liebe bist, lässt du dann so mit dir umgehen?

Sehr wahrscheinlich nicht.

In der Liebe zu SEIN, bedeutet, auch für sein Selbst einzustehen und auch einmal ganz klar einen Stopp einzulegen.

Das bedeutet, auch einmal „NEIN" zu sagen.

Was würde die Liebe jetzt tun?

3. Wenn ich in der Liebe bleibe, wie antworte ich in Liebe?

Wenn du ganz in deiner Mitte, in der Liebe bist, wie antwortest du in Liebe?

Wie antwortest du jetzt deinem Gegenüber so, dass du dir und ihm gegenüber in der Liebe bist?

Was würde die Liebe jetzt tun?

Wenn du die Antwort nicht intuitiv erkennst (1. Bauchgefühl), dann bitte dein Selbst um Führung und vertraue deiner Führung.

Frage dich immer:

„Was würde die Liebe jetzt tun?
Und handle danach!"

Um dir diese wichtige Frage immer wieder in Erinnerung zu rufen, empfehle ich dir, schöne Kärtchen zu machen und sie überall in deinem Wohnraum zu verteilen.

Was würde die Liebe jetzt tun?

Wo lebst du bereits die Freude?

Die Freude zu leben, bedeutet, alles sein zu lassen, was dir keine Freude bereitet. Prüfe für dich, bei allem, was du tust, ob du hier ganz in der Freude bist. Freude bedeutet, nichts mehr zu tun, was keine Freude bereitet, und keinen Erwartungen entsprechen zu wollen. Es darf dir egal sein, was die anderen denken und fordern. Prüfe für dich, ob du das, was du tust, mit Freude tun kannst. Bist du wirklich schon ganz in der Freude oder gibt es hier noch Wachstumspotenzial? Ordne dies wiederum von 1 – 10. Auf Platz 1 sollte das stehen, wo du denkst, dass es dir schon am besten gelingt. Wo du bereits ganz in der Freude bist. Freude ist immer leicht.

	Hier lebe ich die Freude	Gut	Ausbaufähig
1			
2			
3			
4			
5			
6			
7			
8			
9			
10			

Wo lebst du bereits die Wahrhaftigkeit?

In Wahrhaftigkeit zu leben, bedeutet in erster Linie, zu deinem Selbst zu stehen und dich selbst nicht mehr zu belügen, denn dies ist ein Selbstverrat. Wo redest du dir etwas schön? Die Kinesiologie (ein Muskeltest) – also dein eigener Körper – bestätigt Wahrhaftigkeit mit Kraft und Unaufrichtigkeit mit Schwäche. Bist du wirklich schon ganz in der Wahrhaftigkeit und in deiner Kraft oder gibt es hier noch Wachstumspotenzial?

Ordne dies wiederum von 1–10. Auf Platz 1 sollte das stehen, wo du denkst, dass es dir schon am besten gelingt. Wo du bereits ganz in der Wahrhaftigkeit bist. **Wahrhaftigkeit gibt dir immer Kraft.**

	Hier lebe ich die Wahrhaftigkeit	Kraft	Schwäche
1			
2			
3			
4			
5			
6			
7			
8			
9			
10			

Die Meditationen

Wie ich bereits mehrfach erläutert habe, bedarf es in einem ersten Schritt einer Entscheidung. Diese Entscheidung ist deine Wahl und diese kannst folglich nur du treffen. Eine Hilfestellung, um diese Wahl treffen zu können, ist, dich als DER zu erleben, der du wirklich bist. Die effektivsten Methoden hierfür sind das *Selbst = Bewusstes-Sein-Training* oder eine Reise der Seele. In beiden Fällen gelangen wir bis zur Quelle, bis in unseren Ursprung, den wir ja nie verlassen haben. Die Reise der Seele geleitet uns auch noch durch das Seelenleben, wo wir erfahren dürfen, weshalb wir diese Inkarnation so gewählt haben, was uns die Annahme enorm erleichtert.

Auf meiner Internetseite https://christiana-schweizer.institute findest du hierzu einige Meditationen, teilweise kostenfrei, zum Herunterladen. So z. B. den Lichtkanal, der dich direkt mit der Quelle verbindet. Der Lichtkanal führt dich bis in die Quelle hinein, wo du dich als dein Selbst erleben kannst. Hier wirst du von mir an den Punkt geführt, wo sich dein Ego-Ich bewusst entscheiden kann, wer fort an dein Leben führen soll?

Wenn du dich entschieden hast, wer dein Leben fort an führen soll, ist es sehr hilfreich, sich dies morgens und abends bewusst zu machen. Als wer willst du durch diesen Tag gehen und als wer schläfst du ein?

Du kannst dich bewusst entscheiden, als Ich-Selbst durch diesen Tag zu gehen und so als leuchtendes Beispiel jedem zum Segen zu werden, der das Glück hat, dir zu begegnen.

Mein Angebot

Mein gesamtes Angebot nutzt zielgerichtet die effektivsten Techniken und Methoden, die dir auf alle deine Fragen und Sehnsüchte, insbesondere die unbewussten, die Antworten und Lösungen liefern. **Wir können hier ausnahmslos jedes Thema angehen. Oft ist uns gar nicht bewusst, was wir wirklich suchen.** Die Antwort auf das, was du wirklich suchst, und die Talente, die du dafür benötigst, dein allerhöchstes Potenzial, trägst du bereits in deinem Innern. Und dies alles ist durch dein Äußeres auch schon für diejenigen sichtbar, die die Sprache des Gesichts lesen und deuten können.

Es bietet sich daher an, mit einer Beratung, durch ein sogenanntes Face Reading, die Antwort auf deine – oft unbewusste/n – Frage/n zu finden. Was ist die Frage hinter der Frage? So finden wir die Antwort hinter der Antwort. Hier stehen dir übergeordnete Themen zu allen Lebensbereichen zur Auswahl. In dieser Beratung finden wir gemeinsam heraus, ob dir die Informationen aus dieser Beratung bereits genügen oder ob du gerne weiter unterstützt werden möchtest. Hierzu biete ich dir die jeweils passende Sitzung, mit oder ohne Hypnose, an. Dies sind z. B. EMDR, Heilmagnetismus, Quantenheilung, Ilahinoor (Herzöffnung), Selbstheilungsmethoden, die Selbsthypnose und viele mehr.

Alle von mir angebotenen Sitzungen und Schulungen und alle von mir vermittelten Methoden und Techniken helfen dir, wieder in Balance, in deine Mitte, in Ordnung zu kommen, und dies führt dich zu deinem Selbst, wo du dein allerhöchstes Potenzial findest. Denn wie uns die Weisheit des Diamanten lehrt, besteht dieser aus einfachem Kohlenstoff „C" – genau wie eine Bleistiftmine – und entsteht allein durch eine perfekte Anordnung seiner Atome. Bei einer Bleistiftmine sind die Atome eine lose ungeordnete Verbindung eingegangen, wodurch sich etwas ablösen kann. Oder anders ausgedrückt:

keine Ordnung = keine Balance = keine allerhöchste Schwingung = kein allerhöchstes Potenzial

Als Mentor, Coach und Trainer begleite ich dich gerne weiter. Mit den für dich passenden Sitzungen und/oder Seminaren öffne ich für dich das Tor zu deinem Selbst, damit es bewusst wirken kann. Dies nennt sich Selbstverwirklichung. Denn das, wonach wir uns am meisten sehnen, finden wir niemals im Außen. Hierzu bedarf es in einem ersten Schritt der Selbsterkenntnis, also zu erkennen, wer du wirklich bist. „Erkenne Dich selbst!" Dies kann durch eine Einzelsitzung, eine Reise der Seele geschehen oder durch das Training *Selbst = Bewusstes Sein*. Beides führt uns zu unserem Selbst, zu unserer Lebensaufgabe, zu unserer Berufung. Wir leben dann unsere Talente aus und tun das, was wir wirklich lieben. Und dies führt uns zu einem leichten, freudvollen, glücklichen und erfüllten Leben.

Weitere Hilfestellungen biete ich dir auf meiner Internetseite unter „Mein Angebot" an:

https://christiana-schweizer.institute/mein-angebot/

Herzlichst
deine Christiana

QUELLENNACHWEISE

Kapitel 2 – Liebe ist – Rede von Charlie Chaplin
Quelle: https://www.zegg-forum.org/images/PDF/Texte-Deutsch/
Rede-von-Charlie-Chaplin.pdf
Abrufdatum: 30.08.2023

Kapitel 2 – Der Ruf nach Liebe – Zitat Helen Keller
https://gutezitate.com/zitat/258706
Abrufdatum: 30.08.2023

Kapitel 2 – Du darfst sein! – Zitat William Shakespeare
https://gutezitate.com/zitat/144348
Abrufdatum: 30.08.2023

Kapitel 2 – Die Welt der Dualität – Zitat Paracelsus
https://gutezitate.com/zitat/242554
Abrufdatum: 30.08.2023

Kapitel 2 – Heil Sein – Zitat Voltaire
https://gutezitate.com/zitat/198485
Abrufdatum: 30.08.2023

Kapitel 3 – Warum sind wir hier? –
Zitat Burmesische Schöpfungsgeschichte
https://www.ziviler-ungehorsam.at/download/Burmesische_
Schoepfungsgeschichte.pdf
Abrufdatum 30.08.2023

Kapitel 6 – Zitat – Swami Vivekananda
https://gutezitate.com/zitat/115204
Abrufdatum: 30.08.2023

Kapitel 6 – Zitat Laotse „Ohne Liebe"
https://zitatezumnachdenken.com/laotse
Abrufdatum: 30.08.2023

Bildquellennachweis:
Seite 5: Fotograf Bambach Pforzheim
Seite 9, 21, 65: Pixabay, User-ID 1086657, Name GDJ
Seite 29, 42, 45, 48, 54, 59, 73, 81,
99, 109, 124, 125, 135: Christiana Schweizer
Seite 36: iStock, Vladimir Zacharov
Seite 51: Pixabay, User-ID 9301, Geralt Gert Altmann Freiburg
Seite 89: iStock, agsandrew
Seite 135: Fotograf Bambach Pforzheim

HERZ FÜR AUTOREN A HEART FOR AUTHORS À L'ÉCOUTE DES AUTEURS MIA KAPΔIA ΓIA ΣYΓΓPA
ARTA FÖR FÖRFATTARE UN CORAZÓN POR LOS AUTORES YAZARLARIMIZA GÖNÜL VERELIM SZÍV
ME PER AUTORI ET HJERTE FOR FORFATTERE EEN HART VOOR SCHRIJVERS TEMOS OS AUTOR
ZÖINKÉRT SERCE DLA AUTORÓW EIN HERZ FÜR AUTOREN A HEART FOR AUTHORS À L'ÉCOUT
EURS MIA KAPΔIA ΓIA ΣYΓΓPAΦEIΣ UN CUORE PER AUTORI ET HJERTE FOR FORFATTERE EEN H
ARIMIZA G ER DINKÉRT SERCE DLA AUTORÓW EIN HERZ FÜR
ON SCHRI OS S A ÃO BCEЙ ДУШОЙ К АВТОРАМ ETT HJÄRTA FÖR

Die Autorin

 Christiana Schweizer ist Expertin für Bewusstes Sein und erforscht mit ihrem Institut Bewusstseinszustände und deren Auswirkungen auf die Wirklichkeit. Vor 10 Jahren ließ sie ihre Karriere in der Schmuck- und Uhrenbranche hinter sich, um sich vom äußeren Schein nach innen, dem SEIN, zuzuwenden. Hierzu nutzte und erlernte sie etwa die hohe Kunst der Hypnose, die eine sehr nützliche Methode ist, um in höhere Bewusstseins-zustände zu gelangen. Sie erlernte und erforschte jedoch auch sehr effektive nicht hypnotische Me-thoden und Techniken, die allesamt ein Ziel verfol-gen. Ihr Ziel ist es, die Menschen die ihr begegnen, zu sich selbst und wieder in die eigene Schöpfer-macht zu führen. Dies macht Christiana zu einer wichtigen Beraterin und zu einer hilfreichen Weg-begleiterin für Menschen, die sich selbst erkennen und verwirklichen möchten. Sie bietet Readings, Beratungen, Sitzungen, Mentoring, Trainings und Seminarreihen mit und ohne Hypnose an.
https://christiana-schweizer.institute

Bewerten
Sie dieses Buch
auf unserer
Homepage!

w w w . n o v u m v e r l a g . c o m